放棄的勇氣

勇敢改變現狀、突破框架，
人生才能贏更多。

周守訓 著

推薦序

這位先生

汪用和

知名新聞主播
永達社會福利基金會執行長
流行廣播電台 POP Radio 主持人

這位先生，與我很不同。

我唸書一路順遂，他唸書跌跌撞撞。

我工作一帆風順，他工作換了不少。

不過，儘管在國內唸書時讓父母操心，大學註冊過兩個校系都沒唸完，後來跑去唸三專，但他再後來竟然闖去美國，唸了長春藤名校的博士。

即使他工作資歷可以填上滿滿一張——又做模特兒走秀，又拍電視廣告，又是國際領隊，又當外商空服員……但是就在許多人羨慕他待遇豐厚時，他居然就請辭揮揮衣袖出國去了。

這個人真的有點怪。

我們剛結婚時，他曾經上陶晶瑩主持的一個節目，來賓還有捧紅許多歌手的姚謙。節目中，姚謙說當年這位先生上《五燈獎》嶄露頭角時，他（姚謙）就很想簽他（周先生），但打聽之後知道他已放話當完兵後就要出國唸書，遂打消念頭。我在家中看到這段，忍不住埋怨責問他：

「姚謙耶?! 你如果當年不要出國唸書與他簽約，你現在可能就是F4了，我現在就可以躺在家中數鈔票了！」

他看了我一眼，說：

「如果我現在是F4，你覺得我還會看得上妳與妳結婚嗎？」

我懶得與他計較抬槓，但還是覺得不解——你拍廣告、拍MV，還以學生身份出唱片，荷包因此比別的同學麥克麥克響多了，但真正可以踏進演藝圈好好賺錢的機會來了，你竟然選擇謝謝再聯絡？

他聽了我的疑問，只是淡淡地說：

「就是因為做過，所以我感覺我的個性不適合演藝圈啊。」

我很想對他說，管他個性合不合適啊，錢賺到比較實在吧？但是，反正他放棄白花花的銀子也不是只有這一遭，何況往者已矣，所以也沒什麼好說的。

不過，顯然我的婆婆也曾經搞不清楚，為何她這兒子一定要放著穩穩優渥的收入不要，硬是要花錢出國去唸書？

因為一次吃飯聊天時，我的婆婆就說：

「厚，我那時就覺得搞不懂，明明一個月只要做半個月就有十來萬，你偏偏就是要辭職，後來到電視台也明明做得很好，你偏偏就是要去唸博士，人家唸書就是為了要找好工作，你都已經找到好工作了，還就是不要，那時我很擔心你唸完書回來，還能不能找到這樣的好工作哩！」

所以，不是只有我一個人覺得他怪。

但，我越來越理解他，因為在婚後他仍然保持著他的「怪」，仍然勇氣可嘉地繼續時不時就走一些我看似吃力的僻靜山路，只因為他覺得那是他想做的，他想挑戰嘗試看一些不同的風景。

我能說什麼？在他跟我說了「娶妳才是最需要勇氣的一件事吧」之後？也許我只能說「你真的很有勇氣」吧?!

你真的很有勇氣！而這樣的勇氣，值得與大家分享！

自序

放棄的勇氣

什麼是放棄的勇氣？

是勇氣不夠，只能放棄？

還是放棄很難，需要勇氣？

這本書談了我很多過去的經歷，但並不是我的自傳；嚴格說起來，我是以一個在大學研究所授課十多年，希望與年輕朋友經驗分享的心情來寫這本我口中的「放棄教科書」。

在我初為國民黨發言人時，碰到很多不認識的朋友，還是稱我「主播」；現在我轉換跑道到科技企業界服務，很多人在路上見到我，則還是叫我「委員」；不過無論是主播或是立委，這些都只是我曾經較為人知的身份，但其實，過去幾十年我做過太多選擇，選擇這樣，放棄那樣，於是我有了比別人更多更豐富的職場履歷。

卸下立委工作後，我有比較多的時間可以到海內外去演講，談到我這些特殊工作經歷時，許多人都大感意外：原來你還做過這些事情?!我也才覺得自己的過去好像還挺豐富的——出過唱片、走過伸展台、拍過廣告與MV、當過貿易公司的經理、做過旅遊業的國際領隊、空少、出過書，還當過記者、主播，選上立委、當了導演，還辦過國際影展擔任主席……這一路上所歷經的旅程，讓我一個企業界老外友人直說，他沒碰過第二個有這麼多特別經歷的人！

雖然這些資歷看似多采多姿，但是當中其實也不乏挫敗打擊！只是，當我碰到重大失敗時，我不容失敗的情緒停留在我心中太久，因為我要堅韌地尋找下一個可能性；而當別人對我投以欽羨的眼光時，我也不許自己迷失在舒適圈中，所以可以瀟灑地放棄，轉身挑戰另一片天空。

因此，十八歲那年我放棄重考跑去唸三專；二十六歲那年我放棄一個月有半個月在休假的美商空少工作出國唸書；三十歲那年我放棄名利雙收的主播工作再次赴美深造；三十五歲那年我放棄媒體優渥待遇轉去從政；四十六歲那年我放棄公職投入科技創新懷抱……在做這些決定時，每每有人笑我愚蠢，但我選擇聽從自己內心的聲音，跟隨自己心中的渴望而非容易看到的價值計算。

所以，我到底是對？還是傻？

可能我是傻的，也或者我是對的，因為失敗與成功本來就是一線之隔；追求成功，需要傻氣地不怕失敗！而成功了還願意放棄以追求下一個可能會失敗的成功，或許除了傻氣，還需要願意傻的勇氣與智慧。

我絕對還不能算是成功的，但我一直勇敢面對我的失敗；我目前也還不至於有多大的智慧，但我願意分享我所擁有敢於放棄的勇氣！

願以這本書向所有的年輕人致意，因為，有你們，世界才可能會更好，地球才會更強！我能做的，不過就是以我過去歲月所碰到的多元點滴，提供給年輕人做養分，讓年輕朋友在面臨人生叉路時，能有堅壯的意志力做出抉擇，也讓年輕的力量，早日改變世界！

謝謝時報出版社的湘琪、慶祐，促成了我第五本拙作的問世；也要謝謝我的老婆大人辛苦地為我校稿，有了妳，世界真美好！

2016.1.19寫於寒冬中的台北

目錄

Contents

Chapter

1.

失敗四堂課

回顧過去我的人生所曾面臨的失敗，當時很痛，卻常常在之後發現這些成為開啟我另一扇門的鑰匙。

走過那些歲月，我希望年輕朋友能夠比我更快速地不怕失敗，更正面地看待失敗，因此，我寫下這些曾經讓我難堪的痛與心得，希望能夠讓大家更容易成功。

愛因斯坦曾說：「一個人在科學探索的道路上，走過彎路，犯過錯誤，並不是壞事，更不是什麼恥辱，要在實踐中勇於承認和改正錯誤。」

愛因斯坦的話有道理，但是有道理的話不見得讓人喜歡聽，因為沒有人喜歡犯錯、走彎路、挫折與失敗，大家都喜歡成功的感覺。不過，或許我們也該記得，即使聰明如愛因斯坦，他的相對論也絕對不是信手拈來就寫出的，在那曠世鉅論寫出來前，他一定也曾經塗塗改改、擦掉錯誤一再重來，而且就算他在科學界獲得了重大的名聲，但他生活中的其他面向，例如感情，還是曾經讓他感到沮喪的。

如果連聰明的愛因斯坦都不可能凡事一帆風順，我們又怎麼可能不會碰到失敗呢？《聖經》中說：「你們中間誰是沒有罪的，就可以先拿石頭丟她。」如果每個人都有大小不等的罪（過錯），又怎麼可能不會因做錯決定而導致失敗呢？只是，失敗有沒有可能是成功的一體兩面呢？

美國夢，其實就是靠著許多失敗而不斷茁壯的。

美國建國不過兩百多年，卻能快速成為世界強權國家，探究其因，就是「文化大熔爐」的特性讓各國民眾來到這兒，大家紛紛摩拳擦掌，打算一展長才；最終，有的失敗，有的成功，有的失敗後再站起來再奮鬥、再成功，於是失敗鋪成了軌道，載著成功前進。

矽谷就是個好例子。作為美國孵化科技與創業育成的園地，那兒每週上演各種交流活動與創投會議。不過，每天都有公司在矽谷熱鬧開張，卻也每天都有公司在矽谷掙扎著生存或悄悄倒閉，但不管有多少公司成功或失敗，那都不曾影響矽谷人的創業盼望與熱情——**就算失敗，矽谷人仍認為失敗是有意義的，因為親自走過，知道失敗的問題出在哪裡，才能一次比一次進步，並逐步邁向成功。**

失敗當然不是目標，但每位成功的人士或多或少都遭逢過失敗，如何容忍失敗、面對失敗，才是孕育成功的重要關鍵。

失敗是好事，不是壞事。美國人的基因中，有這樣的認知。好萊塢這樣，華爾街也是如此，在光鮮亮麗的成功外表下，背地都有無數失敗累積的傷痕。

我不敢說失敗一定是好事，但是我也不願說失敗一定就是壞事，是好是壞，取決於你的視角與學習能力。

你可能認識我，但你或許不知道，我的人生正也是由許多失敗所串連起來的——從大學聯考失利，電影投資慘賠，立委連任落選，到十年來做試管嬰兒求子卻屢試不成的無語，每一場失敗，都讓我情緒低落。

雖然有挫折、有打擊，但我把這些失意都當成人生的養分。如果，你在我身上感覺不出傷痕，那是因為當遇到失敗困境，我不逃避，頂多就是轉彎，讓改變成為力量，重新設定人生的夢想，軌跡，與目標。

這幾年我因不再參與選舉，而較有時間接受一些校園演講邀約，面對台下年輕學子渴望未來功成名就的夢想，我總是提醒他們：要成功，就要先學習面對失敗——**因為成功的色彩，往往是由失敗的畫筆一筆筆畫出來的，才能堆砌出一堆**

繁複豐富的顏色而吸引眾人目光。

回顧過去我的人生所曾面臨的失敗，當時很痛，卻常常在之後發現這些成為開啟我另一扇門的鑰匙。走過那些歲月，我希望年輕朋友能夠比我更快速地不怕失敗，更正面地看待失敗，因此，我寫下這些曾經讓我難堪的痛與心得，希望能夠讓大家更容易成功。

我相信，只要你願意，失敗會帶來成功，讓你擁有另一種幸福。

Lesson1

失敗第一課

大學聯考失利，
因此走上明星路

回想我人生第一次大失敗，就是大學聯考。

我自忖有些小聰明，而且大考的考運一直很不錯，所以雖然國中時成績十分普通，但高中聯考還是讓我僥倖考進了一所很不錯的私立高中，因此，我一直自我感覺良好地對我的大學之路深具信心。

從小我的願望就是當新聞記者，所以大學聯考的第一志願填的當然是新聞科系。儘管我知道那在文組中是熱門科系，我依舊絲毫無懼地認為「那有什麼難的?!」一年輕學生不怕困難是件好事，但是不自量力就另當別論了。

那一天，我回到學校拿起聯招成績單一看——「天呀，我沒考上！」頓時，驚訝、難過、絕望、羞愧、不敢相信、不能接受的感覺瞬間撲滿了我的腦我的心，我覺得我快要不能呼吸了！

耳邊響起的是考進好學校同學的開心的交談，甚至幾位平時成績比我差的同學也都順利進入了他們的理想學校，我懊惱地抬起頭，看到老師也正以失望、責備的眼神看著我……

老師沒有說話，但那眼神已說明一切，不但讓我更加難受，也讓我至今難忘。所以，直到後來，當我從事公職有機會返回母校演講、授獎、參與活動時，我雖然想念老師，卻也不敢打聽老師離開校園後的任何訊息，因為我一直自責我那時太讓老師失望了。

除了不敢面對看重我的老師之外，當時我也不知該如何應對父母的關愛。我的哥哥、弟弟都讀建中，妹妹也讀北一女，所以父母一直最操煩我的課業。我名落孫山，父母沒有多講什麼，可是我知道我讓他們更操心了；於是我吃不下也睡不著，但如此一來父母就更加關注我吃了沒？睡了嗎？我知道他們是好意，但是我同時也感覺那是壓力。

我知道，我很矛盾，人家對我失望責備我也受不了，人家不罵我、當無所謂我也難受，但那時我的神經受器就是莫名地敏感到不行，簡直就是無法跟他人有任何的接觸。

於是，我編了一個藉口跟父母說要與同學去旅遊散心，但其實我是跑去淡水一位同學家躲著。我每天就是把自己關在他房間裡懊悔，頂多就是去附近的廟裡走走，求神抽籤問卜，希望神明告訴我我的人生會否從此一敗塗地？指示我下一步該怎麼走？

躲了幾天，知道再這樣躲著沒有任何意義，打結的頭腦也稍稍可以思考了，我收拾行囊回家面對我還是得繼續過下去的人生。

父母、師長紛紛勸我不要灰心、次年重考，但重考要花一年的時間唸重複的書，做重複的事，又沒有人可以保證結果一定圓滿；而自負的我並不喜歡做重複的事，因此我決定放棄重考，轉戰軍校及專科聯招。結果大學落榜的我竟然雙雙考上了第一志願——世新三專廣播電視科與政戰學校新聞系！

一個是大眾傳播領域，一個則可以讓我成為科班出身的新聞人，正在難以抉擇的時候，老媽勸了我：「爸爸是軍人，你看到了他的辛苦，我不知道你確不確定你要一輩子從軍，但是我這個做媽的是不希望家裡再多一個職業軍人了。」

就這樣，我決定就讀世新廣電，也讓我發現真的有一扇開啟的窗，而且窗外還有湛藍晴朗的天！

進入世新後，我馬上感受到世新自由開放的校風，與我不喜受束縛的個性十分相合。不過，我也發現，因為學風自由，不少同學認為從小就在辛苦考高中、考大學，好不容易現在不需要準備任何大考了，所以要開始好好享受大專生活，「好好玩三年」！另外，也有些同學不是選擇進入世新廣電，而只是被分數送入世新廣電，因此對課業談不上興趣，對未來也沒有憧憬，只想先混完這幾年拿個文憑，等出了社會後再做下一步打算。

雖然我也是因為考大學失敗才讀世新三專，但是廣電新聞領域正是我的志趣，所以我告訴自己要好好把握時間盡可能學習相關課程，但同時，大專生最愛的「社團學分」同樣也不能少——我又參加合唱團，又加入話劇社，每天忙得不亦樂乎，後來還當上話劇社社長，學習做一個領導者。

做社長的經驗豐富了我的校園歷練，讓我有機會練習活動企劃、人事協調、公開演講……等等技巧，也訓練了我臨危不亂、沉著應變的能力；而帶領社團多次參加校內外的公演及比賽的經驗，更令我有了全新的視野及不同的自我期許，而這些，都是我在一年前想也想不到會開啟的生命經歷。

十九歲那年，麥當勞剛被引進台灣，金黃色的M型標誌就像是美國夢的金色大門一般，讓全台灣為之風靡，為了推出「麥克雞塊」此產品，麥當勞決定拍攝第一支台灣製作的電視廣告，而需要一個男生、五個女生一起入鏡，於是任職於廣告公司的話劇社畢業學長姊們特別回校宣傳，公開徵選廣告演員，同時也力勸我和同學們一起去試試看。

試試就試試吧！反正試不成也沒損失！試鏡當天幾百個試鏡者輪番上陣，每個人都躍躍欲試卻又忐忑不安；我應該是「初生之犢不畏虎」吧，再加上校園內數不清的上台經驗訓練，讓我的表現平穩，最後竟然是我被廣告商看中，當上了麥當勞廣告明星。

拍廣告的感覺如何？坦白說，心情激動又興奮，但表演及拍攝過程其實相對單純，在現場真正讓我覺得新奇有趣的，反而是導演的調度指揮及近百名工作人員的分工過程。

Action！開拍了！我的工作非常簡單，就是面對著鏡頭吃雞塊，同時做出幸福滿足的表情，但外界可能不知道，因為必須注意到許多細節，所以我得一直吃、一直拍，於是原本的開心品嚐美食到最後根本就是難以下嚥，總算在複雜的心情中完成了我人生中第一支廣告。只是之後我有好一陣子不敢進麥當勞，甚至只要聞到味道就作嘔……

拍完麥當勞之後，我陸續又接了幾十支廣告，合作過的對象包括金城武、李宗盛、崔麗心、蘇麗媚、況明潔、丁柔安、陳德容……等後來極知名的藝人，之後還被經紀公司找去當模特兒走伸展台，更拍攝雜誌封面及DM，甚至在公共電視知名影集《愛的進行式》劇中固定軋上一角。如此密集的露出，我成了校園中被同學談論的「校園明星」，心中也不禁飄飄然了起來。

當時，也有經紀人來談，希望我休學簽長約，準備出唱片、拍電影的工作。一方面我出身軍人家庭，家人較持反對態度；另一方面，我也覺得這些要花很多時間的演藝工作，應該只是定義為我的「打工」、「兼差」，不應該影響學業，更不應該阻隔我未來出國留學及從事新聞工作的美夢。

對於現在有明星夢的年輕人來說，應該會覺得當初的我真的不夠積極，若是全力以赴，或許會成為大明星吧？

我卻不這麼想。我不想花太多時間去做重複且我覺得我已經會的事，我也希望在人生每一個階段中扮演好應扮演的角色。現在看來，若是當年我放棄學業、專心朝演藝圈發展，可能也就沒有後來的人生奇妙機運了，不是嗎？

從一個聯考失利、沮喪到把自己藏起來的高中生，到成為拍廣告走秀的陽光大男孩，讓我對於「失敗」這件事有了完全不同的體會——**失敗迫使我的人生轉彎，達不到當初設定的目標確實讓人沮喪受傷，但卻也因此有了意外的收穫；**我在世新畢業服完兵役後，竟然因為這些校園成長的點滴，讓我有了比別人更多不同領域的跨界歷練，更讓我順利當了新聞記者及主播。

這些人生過程，的確不是當初一個年輕小夥子就可以預料得到的。或許，這就是人生！

Lesson2

失敗第二課

赴美攻讀博士幾乎放棄，終究學成開創職涯新局

我的人生前三十年就在這樣多采多姿，也帶有些小成就感的感覺中度過了。但是，我生命中的第二次大挫敗，依然來自於學校，那是發生在我唸博士班的時候。

因為從小立志做記者，人生中兩次毅然決然赴美深造，讀的都是以新聞傳播相關的科系為主。

不同的是，我碩士班讀得很順利，順利到我在短短一年內就拿到學位返台；但或許就是因為太順了，幾年後當我再次信心滿滿赴美攻讀博士時，卻反而碰到人生更嚴重的挫折感……

我先從第一次出國談起好了。

我碩士唸的是位於美國波士頓的老牌傳播學府艾默森學院，確知可以在一年內順利拿到碩士學位時，便開始為回台後的職涯做打算。首先，我寫信給母校世新，附上詳細履歷，表明想返校授課的意願，同時，我也向在台灣的朋友確認新聞界的求才狀況與生態，並提前將應徵信函寄給多間媒體。因為準備工作做得早，碩士班畢業還沒返台時，我就已經拿到世新的一紙兼任講師聘書及《商業周刊》的錄用通知。

在《商業周刊》工作了幾週，環境及同仁都讓我覺得如魚得水，開心不已，但業界傳出中視即將招考主播及記者的消息，我思索再三，不想放棄這個能讓廣電科系畢業的我實際進入電視媒體學習的機會，便在工作之餘積極準備報名，並於一個月內參加試鏡、筆試，及完成口試、面試。

當時全台灣僅有三家電視台，進入新聞部擔任記者，是所有有志於新聞工作朋友們的第一志願。我在參加第一階段中英文筆試時的感覺就像是聯考一樣，在一個容納得下數千名應考人員的整所學校中應試，而大家的共同目的又是為了擠入那道比聯考更窄的窄門！

經過一關又一關的試煉，我終於確定是當屆錄取的三名新人之一，除了感謝中視的厚愛，同時也只能抱歉地向《商周》遞出辭呈，結束我新聞工作第一階段，短短不到兩個月的平面媒體生涯。

然而，進入中視，我這菜鳥吃了不少苦，但也多了很多磨練機會。

當時的新聞工作者都是靠自己的專業闖出一片天，而且除了與其他兩家電視台的記者比較之外，還要跟報紙記者競爭——報紙記者靠採訪的深度與文筆取勝，而電視記者採訪新聞就要兼顧電視需要畫面的特性來搶獨家。這種靠「新聞鼻」磨練出來的專業力，一般資深記者不想、也不願教授給新人，是常有的事。

既然老鳥不教不帶，一切只能靠自己；往往採訪好的新聞稿被長官退件，還被批評不會做新聞，那段時期真的熬得很難受，卻也激起我想要繼續挑戰的鬥志。

後來，機會出現了。當時台灣社會正面臨轉型，群眾運動能量不斷增強，幾乎每個記者去採訪遊行、示威現場等新聞時，都會面對擁擠危險、秩序紊亂、時間冗長等難題；也因此，除了老鳥記者要上場之外，也需要新進記者替換調節體力，於是我多次主動請纓上陣，這不但讓我有機會親眼見證了許多台灣民主發展的關鍵時刻，同時，也讓公司注意到我這個肯拚願衝的年輕菜鳥。

除了每日的新聞採訪工作，我還「額外」同意去接了一個需要每天清晨五點多就得到公司，準備六點新聞開播後播報氣象的工作。雖然需要特別早起，還要熟背許多氣象專業名詞，而且原本從早到晚的採訪工作還是得繼續進行，雖然想到這樣的長工時與工作量就覺得累，但長官的「賞識」我無法拒絕（我隱約聽說我不是第一個被找的），再加上我渴望接受新聞訓練，於是進中視三個月後，我咬著牙接下了第一份播報工作——擔任氣象主播。

那時候，我每天四點半起床，五點多抵達公司梳化妝，之後準備氣象資料及撰寫播報的稿子，六點整準時進棚播氣象，下了節目後還得整天跑新聞，工作時間非常長，但我卻很正面思考，更是樂在其中。

你想想，一個新人馬上有機會坐上主播台，是多麼不容易的事？那時幫我準備氣象資料的「師父」，正是之後在台灣非常知名的人氣氣象主播李富城，這位毫不藏私的氣象前輩，不但教導我氣象知識，也讓我在一開始的新聞工作生涯中即認清了一個事實：**唯有專業，才能存活！**

因為這些歷練，我僥倖在公司內部的主播評鑑活動中拿下高分，除了主播台外，又晉升為現場節目主持人、專題節目製作人、大型場合的主播，成為公司調度上的一個活棋。

當時，我真的以為我成功了！我完成了當新聞記者的願望且還坐上了主播台；我開始享受走在路上被人討論的心中竊喜；也開始陶醉於離開校園多年後又重新回來的明星光環。然而，在幾乎全年無休的辛苦新聞工作後面，我也有自己的困惑——特別是在採訪及播報過程中所面臨的政治包袱。

在那個年代，台灣的三家電視台分別屬政府中的黨、政、軍所掌控。我所服務的中視正是百分百的黨營事業，一切的新聞走向及處理必須要以黨政需要為出發點。舉例來說，西元一九九五年五月，國寶級的藝人鄧麗君不幸在泰國清邁因氣喘病發辭世，除了深受歌迷愛戴外，她的歌聲更是當時尚未開放交流的海峽兩岸人民所共有的美好陪伴。因此當消息傳回台北，側觀全球衛星新聞幾乎都以這起不幸事件做為頭條報導，但很可惜的是，敝公司卻不是這樣處理，而是再次把所謂黨政重要活動放在頭條，然後開始宣揚政府政策，之後一直到了第五條，才終於播出這則鄧麗君辭世的新聞。

當晚，我一邊看新聞，一邊搖頭，這不符合我在美國所修習的新聞準則及學理基礎！新聞不是該享有編排自由？不是該成為監督政府的第四權？失去這兩個重要意義，這個工作會是我想像的終極夢想嗎？

那年我還未滿三十，正亟思在新聞界大展身手，以終身職志作為目標，沒想到此時想離開的念頭卻開始在心中萌芽。和家人討論後，親友大多深感不解；一個當時被多少人認定的光鮮亮麗電視台鐵飯碗，多少人一旦考進去後早抱定準備做到退休的工作，而我，卻想要放棄？

現在回頭想想，當年的自己夠年輕、也夠勇敢，相信自己怎麼走都會有路，所以一旦心中有了改變的想法，就開始放任自己的感覺做決定。

但當然，感覺歸感覺，現實也得考量。在正式考取了國民黨的中山獎學金，並申請到了美國長春藤名校康乃爾大學博士班的入學許可後，終於激使我做出這個連父母也不贊成的決定：放棄鐵飯碗工作，重新出國深造！

選擇離開一份安穩的工作讓周圍的人跌破眼鏡，而且還是一個可以享有明星光環的特殊行業，我心中不是沒有忐忑，但我舉國際上許多名人的抉擇想證明自己的選擇是對的，也破釜沉舟地昭告天下我將向名校的最高學位進軍！沒想到，我忐忑的情緒竟然化為現實，在康大，成了我人生另一個低潮的開始。

一開始攻讀博士班時，我拿出讀碩士班一樣的態度與方法，想在短時間內就拿到學位，結果才發現我太天真，因為光是要讀的書就多到唸不完！我以往擅長的時間規劃、設定目標……等方法，完全使不上力，讓我又沮喪又焦慮。

後來才發現，美國的碩士教育與博士教育是完全不同的。碩士學位在於培養學生獨立思考的能力，主要訓練學生在職場領域上更加精進。因此只要能將教授指定的修課方向有計畫性的完成，再加上完成具有獨立思考實務操作的論文，就能拿到學位。博士學位則是完全相反，在於培養一位學術界未來的菁英，所學必須非常專精於一門領域，不但得博覽該領域中的群書，更要自己設定研究方向，而你老闆（也就是你的指導教授）在過程中是絕對不會放鬆的，因為他今天之所以能指導你，正代表他也曾經過這段艱難且殘酷的學術磨練。

換句話說，這和以職涯為出發的碩士班課程訓練是完全不同的精神，因為自己要找好研究方向又必須博覽群書，所以完成的時間因此完全沒有個準；在康乃爾，很多人唸了七、八年，都不見得能拿到博士學位。

因為難以設定完成時間就很難做細部計畫，這讓我患得患失，也感覺自己進退失據：我的人生目標究竟是要做一個優秀的傳播學教授、一輩子在學校作育英才？還是回到業界去改變並營造理想中的新聞環境？在自己都沒答案的情況下，指導教授更是顯得對我十分失望。

近學期末有一天，指導教授找我去他研究室，他很誠懇地表示，他無法再指導我下去了！他說，我的英文雖然優異但成績十分普通，更重要的是，我沒有立志學術研究的想法，他勸我還是放棄博士學位、回台灣吧！

教授的話，猶如晴天霹靂、直轟頭頂，我想到所有託付在這裡的夢想、畢業後的計畫，完全付之流水。那一刻，我真的可以深深體會到「萬念俱灰」這四個字，我不知我是怎麼走出他研究室的，更不知自己下一步該往哪裡走？

那年暑假，我非常沮喪，彷若行屍走肉。但我又很好強，不願意跟同學好友傾訴被教授老闆放棄的事——在美國唸博士班，如果沒有指導教授願意收留你，就無法拿到學位。回台灣嗎？好面子的我也不敢打越洋電話跟父母商量，因為他們之前就極力反對我辭職來唸博士，現在跟他們說這些，豈不是證明我果然是錯的?!

康乃爾這所長春藤名校的校園風景非常優美，號稱全美第一名。校園內除了廣大綠地，還有湖泊、牧場、瀑布、森林，甚至包括兩座架有吊橋的大峽谷，我每天從宿舍走去上課，都需要跨越溪谷。暑假期間百花盛開，但人數稀少，那時候的我隻身走在美麗校園裡，滿腦子都是問號：「我該怎麼辦？」走在橋上，甚至還曾胡思亂想：從這裡跳下去，就不會有煩惱了……

後來我才知道，康乃爾除了校園景緻全美第一，連自殺率也是大學第一名！主要是因為長達半年的雪季容易使人沮喪，加上名校激烈的學術競爭環境；當然，還有特殊的峽谷景觀及位於上方所設的吊橋，這都容易使深感挫折的學生一躍而下……

感謝老天，我相信每個人生在世上都有其使命，而我的使命，絕非在康大校園中帶著遺憾離開！

雜亂思緒讓我不知如何是好，於是，就像我大學聯考失利那年一樣，我選擇暫時先離開傷心地，一個人悄悄地回台灣。

那時父母以為我就是回來過暑假，我也強顏歡笑地說了康乃爾的生活多麼精采、我多麼熱愛……的善意謊言。但午夜夢迴，常常醒過來就再也睡不著，睜著眼到天亮。

我必須要找到方法、出路！我翻開通訊錄，苦思究竟誰能給我一些方向、解決我的難題？此時，一位一向照顧我的新聞界資深長輩的名字跳了出來，我立刻聯絡登門拜訪，假托是有個朋友的例子請教他：

「我有朋友在美國書都唸不完，教授也不收，整個人亂糟糟的，請問應該怎麼辦？」我問。

長輩以過來人經驗提供很多建議，例如：可以先休學留在美國找工作，等更融入當地生活，並知道自己方向後再決定是否回去唸；或是乾脆先回台灣工作，人生路很多，沒必要把青春歲月浪費在國外……另外……

「要他多唸佛經吧，」他說：「我的經驗告訴我，唸經會較讓人專心一意，拋開雜念，找到方向。」

突然之間，我彷彿看到雲開了，陽光露出來。的確，每一個人人生所經歷的困難都未盡相同，但如果自己都無法心靜下來，如何能做出合理的決定？想開了，我立刻帶了本《心經》束裝返美，認真思考我的未來。

我當然知道人生不是所有難關光靠佛書經文就可以化解，但我也相信，透過唸經，至少可以讓我比較不會胡思亂想，我更盼望，藉由佛陀的智慧，能夠點亮我的心燈，讓我不再深陷混沌無明的黑暗中。

我不是一個虔誠的教徒，但唸了幾天《心經》下來，心中的確感到清澈無比，也突然頓悟，轉了念頭問自己：為什麼一定要執著於最初設定的目標呢？學校這麼大、資源這麼多，為什麼不看看學校還有哪些系所或教授可以接觸的呢？

我追隨那個念頭，仔細查閱康大所有的教授及項目系所，竟赫然發現在人類生態學院下面有個「政策分析暨管理系」，提供非營利組織或政府制定相關政策的法規及研究課題。其中，傳播管理部份的相關內容，幾乎和我的學經歷不謀而合！我狂喜之餘，立刻鼓起勇氣與系主任約時間面談，沒想到兩人一拍即合，他很能認同我想改變台灣傳播環境的想法與理念，願意收我當學生，當下，我又重新找回了讀書的熱情與努力的方向！

人生就是這麼奇妙，你知道嗎？在之後的兩年內，在和指導教授密切互動及學習下，我不但一鼓作氣修完所有必須學分、考過資格考試，還寫完博士論文！終於，在我原始設定的目標內——赴美三年後，順利拿到了康乃爾大學博士學位，總算完成人生最大的一個心願，能衣錦還鄉了！

從「傳播學」到「傳播管理學」，也由於換了主修，讓我對「政策」與「管理」兩個學門也產生了興趣，這是之前沒料想到的收穫。

我做過記者，但台灣的傳播政策閉鎖，總覺得施展不開；我採訪過政治，但卻多是我覺得厭惡且不想碰觸的衝突、醜聞與權力遊戲。在美國這幾年，因為實際的接觸與了解，對於政治權力有了初步的認識——**政治即是管理眾人之事，若想要追求或改善眾人福祉，政治，是最快也是必要的手段。**

我開始胡思亂想：今天在美國學了這麼多傳播政策及制度法規，未來若只是留在學校教書，而無法藉由政治力量充分運用，豈不是太可惜了？

有想法不代表未來一定會接觸，但真的沒想到，在返回台灣後的數年，我竟然真的有機會涉入了政治，不但擔任了總統大選國民黨陣營的發言人，之後更親自出馬參選立委，進入國會擔任立法者的工作！而這一切，回想起來，都和我攻讀博士班第一年的失敗痛苦經驗有關係！

從幾乎放棄學位，到三年拿到博士、影響未來人生路途，「失敗」又為我上了一課。所以，我常提醒年輕人「毅力」的重要性，**不要在第一時間輕言放棄，而是要等待、尋找機會；沒有人會知道機會是不是已經走到街角，也許，稍微再等一等，它便來到眼前了。**

Lesson3

失敗第三課

立委連任失敗，找回自己的生活

許多人認識我，是因為曾當過立委身份的我。我做過兩屆立法委員，的確，這是一個看似位高權重的工作，能在廟堂之上大聲斥罵行政官員，也能掌握政府預算生殺大權。但是你也許不知道，擔任立委工作這七年，也是我感覺人生中最辛勞、最痛苦的七年。

立法委員是全年無休的，一年三百六十五天幾乎每天都有跑不完的行程，選民的紅白帖，社區里民的大小活動，數不清的會勘、協調會、公聽會、記者會，再加上服務選民、接受陳情、接見外賓，還有立法院內例行的院會、委員會質詢及預算審核、政黨協商會議……所有繁瑣但又不得不做的事情林林總總加起來，幾乎讓我手機二十四小時無法關機。

我不是政治世家出身，更非家財萬貫的子弟。當初決定從政，除了希望能貢獻所學，也是整體大環境讓我燃起滿腔熱血。沒想到從參選開始，到真正做了立法委員以後，我反而常常疑惑自己是不是在「虛耗人生」？

二〇〇四年，連戰先生再次角逐總統大位失利，我原本擔任連戰、宋楚瑜競選總部發言人，在選後也繼續擔任「選舉當選無效之訴」律師團的發言人；當時，因為敗選後的氣氛低迷，許多人不願留在總部觸景傷情，但我秉持「堅持做到最後一刻」的人生哲學，我常常是最後一個還留在現場陪伴律師團開會的工作人員。

雖然人還在工作，但我的心其實也早已心灰意冷到底了。投入了滿腔熱血，奉獻了寶貴的三年，但只獲得這般令人失望的選舉結果，心中充滿無奈、不平，還有憤恨。擔任發言人三年來，我幾乎每天要接上百通電話，抱怨為何不這樣做，建議應該那樣做；而選舉落幕了，依然有很多電話打來關心時局，但我已沒有之前一天可工作十八小時的力氣了，我感到疲累卻又常常夜不成眠，有時白天發言時還會一邊盜冷汗，我感到心力交瘁，在心裡萌生了退意。

二〇〇四年六月六日，在我正式棄媒從政的三年整當天，我去見了當時的連戰主席並遞出辭呈，我想，選擇這個日子也算有始有終吧?!我誠懇向他報告，打算離開政治圈，返回學校教書。

連主席聽完話之後，語重心長地跟我說：「如果連像你這樣的年輕人都不願意再為黨付出，國民黨就沒有未來了……」

這句話深深震懾了我。的確，過去三年來，我擔任在野的國民黨創黨以來最年輕的黨務主管、最年輕的發言人，我與這個黨曾經互相珍惜，但我現在卻要在這個政黨最風雨飄搖的時候，選擇離開？但我又該怎麼辦呢？我失去了鬥志，失去了信心，身體健康也出現警訊，面對眾多勸進要我繼續留下的政治路，我還玩得起嗎？我究竟該何去何從？應該回歸自己單純的生活？還是應該為未達成的理想繼續向前衝？

那幾天，我找了一群交心已久的媒體好友，向他們聊聊我心中的糾結。聽完之後，他們覺得三十八歲的我還年輕，不能輕言放棄，這幾年擔任發言人也算累積了知名度及良好的社會形象，在這個關鍵時刻，反而更應該代表年輕世代發聲，出來選舉！

選舉？有沒有搞錯？我沒人、沒錢、沒經驗、沒家族勢力、更沒有派系，如何勝選？更何況年底要選的還是最高民意機關的國會——立法委員！

「七月就要黨內初選，還剩一個月，你在國民黨都待了三年，就再待一個月拚拚吧！如果初選沒有過，你再回學校也不遲啊。」他們這樣勸說。

對呀！不試試怎麼知道自己沒機會？過去三年輔選經驗豐富，怎不也在自己身上試試？反正，**I have nothing to lose!**

我真的很感謝這群朋友，因為，沒有他們，就沒有半年後高票當選的我。

我人生的準則，就是一旦決定要做，就要做到最好。就這樣，我在投票前一個月登記，投入台北市南區立委選舉的黨內初選，開始從過去幕後輔選轉成站到第一線四處懇託、拜票。

台北市南區號稱是全台最困難選區，除了多是像李敖、陳文茜、沈富雄、王世堅等知名人士參選外，此區選民的平均社經地位更堪稱全台之最。所幸的是，我因為常上節目、主持競選活動，獲得許多選民認識，再加上我毫無畏懼，心懷「一個月後初選若輸就徹底斷了政治念，反正老天會再開扇窗給我」的樂觀態度，知名度反而大開，在年輕一輩中拔得頭籌，順利通過初選贏得提名，獲得進入國會服務的一張準門票。

初選勝利的喜悅沒有衝昏我頭，反而在整個過程中，我發現了台灣選舉一些令人不安的潛規則——台灣的選舉雖然充滿熱情但也製造對立，不是你死就是我亡的仇恨對決，即使選舉落幕，又是一個全新民粹對抗的開始。

坦白說，選舉行程一開始時，我曾經非常猶豫，一些普遍的基層競選原則令我頭痛：民眾似乎不是那麼在乎我的政見，要永無止盡的跑場、灌酒才能獲得支持，還有人會對你攻訐謾罵，這些都讓我覺得和這個環境格格不入，也認為企圖贏得選票的過程，反而易扭曲我一向引以為傲的真實、不做作個性。

再者，許多選民對於候選人寄予厚望，希望當選後可以推動都市更新、老區重建，甚至爭取預算、提升選區風貌，立法照顧特定人士、改善生活環境。這些政策當然都是我們不可推諉的責任，但這都不是我個人能夠達成，需要各個環節都能配合才可美夢成真；但當我審慎評估不願開出芭樂票時，對手竟然可以漫天無止盡地開出各種大夢支票，再加上政黨對決時的口水與仇恨，反增加了老百姓彼此猜忌、失去互信，天哪！這不是我想要看到的政治環境！因此，即使人在競選，心中卻充滿無力感……

此外，選舉過程的花費也是驚人，卻沒有更多人願意支持我一起改革現有的選舉制度。對我來說，每次參選最困難的部份不是拜票，而是募款！猶記得剛剛通過初選準備參與大選時，我辦了人生第一場募款餐會。我開心找了許多親朋好友來捧場助陣，席開十桌，希望大家除了分享我的喜悅，也可以多少贊助一些經費幫我達成目標。現場氣氛熱烈，也順利募得了些許資金。

結束餐會在門口送客時，一位前來替我助講的政界前輩拉我到一旁，語重心長地跟我說：「哪有人是動員自己親友參加募款餐會的？他們本來就會支持你，也一定會捐給你，你要找的是有財力的人士，這樣才能募到打選戰需要的款項，還能請他們呼籲員工支持你、為你助選拉票，這才有意義呀！」

我知道了，原來參加一場立委選舉一定要厚臉皮向不認識的人開口，而若沒能募到幾千萬元，也根本玩不下去！

我學會之後，開始嘗試人生中很多的第一次——開始放下矜持，勇敢開口募款；開始大聲承諾，開出政見支票。有幸在一些前輩的指導下，儘管新手上路、跌跌撞撞，但最終還是擬妥像樣的戰略、募妥庶幾堪用的子彈，順利走上這條已回不了頭的選舉之路。

當選的那天晚上，雖然興奮，但也因責任加重，幾乎一夜難眠。我知道自己很幸運，但更擔憂的是我能不能完成選民的託付，兑現我所有的政見？在近一個禮拜的謝票結束後，我們辦了一個感恩慶功宴，宴請總部工作人員感謝大家的辛勞，大家都開心極了，也立刻拱我這個新科立委上台致詞。

我一上台就說：「謝謝大家，大家辛苦了！這次能夠高票勝選，完全是靠大家的努力，因此，我希望大家跟我一起好好做這三年，因為我們就只做這一屆……」話還沒說完，我就被總幹事拉下台了，大家覺得我應該是累壞了，才會說這種只做一任的話，大家心想：「你不想想，多少人是因為你是政壇潛力股才支持你呀？這麼說是在自毀你的政治前途與影響力啊！」

但現在回頭想想，走過艱困的選戰之後，我說的是肺腑之言。我的個性不願求人，也不想輕易承諾未知的事，但做為一位參選人，每一個鞠躬、每一次拜託、每一項承諾，以及每一筆捐款都是求人，都是欠下我可能一輩子難以償還的人情，每想到此，我心中就一陣掙扎。

二〇〇五年，立法院在朝野兩大黨的共識下進行修憲，席次從二百二十五減半成一百一十三席，任期從三年增為四年，選區改為七十三個單一選區，並採兩票制。立委選區被調整成比議員選區還小，身揹神聖立法使命的國會議員無可避免必須要和基層的議員搶照顧路燈、水溝的工作，我又開始猶豫了——這難道真是我要花一輩子去做的工作嗎？這真是唯一可以提升政治風氣、改善人民生活、為下一代謀福祉的選擇嗎？

我再次面臨是否繼續競選連任的抉擇。思考再三後，我決定再次讓自己的未來隨順因緣：不強求關愛的眼神，也不積極搶深藍選區，我以不忮不求的態度讓出了國民黨的大票倉——大安、文山及中正、中山等區，接受徵召到台北最艱困的士林、大同選區擔任刺客參選。

儘管周遭親友及同仁當時都勸我別做這種簡直是政治自殺的決定，但我接受的理由很簡單——我的從政是從無到有，一路走來本來就無所求，不想永遠深陷在永無止盡的藍綠仇恨對立中，更不願和黨內資深前輩爾虞我詐、爭奪好選的選區；但在當時的大環境下，百萬紅衫軍上了街頭、中正紀念堂牌匾被無情卸下、黨主席以特別費案被起訴，這些種種現象也讓我沒有瀟灑離開的理由。

雖然我的選區是個標準兩黨權謀計算下所產生的一個「傑利蠑螈 Gerrymandering（為選舉利益而設計）」結構，且國民黨過去從來沒人贏過，反正我沒有包袱，就當再給自己一次機會吧！

出乎意料地，在眾人皆不看好情況下，我再次勝選了！台北八仙過海，對手履約跳海！雖然好不容易的勝選讓許多人對我豎起大拇指，但我心中很清楚，我的責任更重了，我的壓力更大了，在這個在台北堪稱落後、亟待翻新的選區，我不能辜負鄉親的期望！同時，在風光連任的背後，我的心裡其實也有幾分落寞——那表示，我的工作還要再持續四年，別想重返有品質的家庭生活了！

我臉皮薄，怕被人罵！因此在擔任立委的七年間，我兢兢業業為選民謀福利，也參與公益，充分發揮年輕人該有的創意及熱血，為社會帶來正面助益。我內心更想善用這個職務當成平台，為我喜愛的電影、音樂、藝術、體育及各項文化相關產業做出貢獻。

首先，我舉韓國發展為例，要求政府正視文化創意產業發展的重要性，並給予更多產業結構上的協助；接組文化立法聯盟，並出任召集人一職。爾後，知道亞太影展因金融海嘯停辦，我認為身為創始會員的我們，怎能錯失這個向世界宣傳曝光的好機會？於是我決定接任影展主席，還特別邀請到前柏林影展主席莫利斯德哈登（Mortiz de Hadeln）到台北擔任影展評審團主席，透過公平公開的評審，選出代表亞太地區最好的作品，提升影展的地位，重新擦亮影展的招牌。

而在選區政策推動及選民服務上，我亦全力以赴。長期以來，中央政府把社子島劃為滯洪區，於是蓋房子不能超過六公尺高，生了孩子住不下也不能蓋新屋，此一限建政策對社子島居民不公，也讓當地居民因生活不便而痛恨國民黨。於是，我強力要求行政院儘速核定社子島防洪計畫、也指派專人專責與市府及行政院聯繫，務必促使中央配合市府進行社子島開發計畫。

還記得，行政院通過防洪計畫，社子島開發露出曙光的那天，我真像懷胎十月母親終於把孩子生下一樣的高興！此外，我還在社子島開辦免費課輔班，也將紙風車劇團等藝文團體帶入社子島演出……

遺憾的是，雖然我的努力換來了連民進黨員都向我道謝、稱讚我做得好，但競選連任時，個人的打拚還是不敵執政黨施政的包袱，也打破不了藍綠對決時選民各自歸隊的既有框架。過去四年我最在意也付出最多的老舊社區，包括社子島在內，反而輸得更多！

開票當晚，總部現場觀看開票結果的支持群眾，第一時間知道敗選消息，都悲傷地哭成一團。我雖然感到訝異與難過，畢竟選前的民調我從來沒有落後過，但我並不遺憾，因為我盡力而為了，只要盡了力就沒有遺憾，何況選舉失敗不代表人生結束，只是老天試著替你開了另一扇窗罷了！

我告訴自己，有時輸不見得是輸，這場選戰對於政治上的我來說確實是失敗；但另一方面卻也未嘗不是一種釋放：我終於可以找回屬於自己與家人的生活！

幾年前有朋友曾經問過我：「你們民意代表每天這麼辛苦，究竟要做多久呀？」我還記得我是開玩笑般回答：「做到落選為止啊！」或許是有這樣的心理準備，落選當晚上床時，雖然不捨助理的努力與鄉親的支持而仍忍不住淌淚，但我同時也感到如釋重負——我知道我解脫了。

因為有著這樣的心情，所以雖然有許多人勸我說才輸三千票，繼續努力下次再戰一定可以贏回來，但我感覺立委這工作豐富了我，卻也掏空了我——政治不是光有熱情就可以改變的，不是努力付出就一定有回報的，人生歲月走過這回已經足夠了！立委讓別人去做吧，我要去做些別的不一樣的事情讓我的人生更有趣！

細數過往經歷，我的確做過不少令人羨慕的工作，但立法委員，坦白說，雖然「人在衙門好修行」，帶給我不少成就感，也讓我認識很多好朋友，但確實也常令我因充滿無力感而感到痛苦，但還好，我只做了七年。**立委連任失利，與其說是失敗，不如說是老天爺給了我一個重新選擇的機會**——我要將自己的熱情與力量，轉換到另一個跑道上，一個能讓我繼續改變環境，改造世界的夢想實踐園地。

Lesson4

失敗第四課

電影夢失焦，
啟動科技造福計畫

擔任立委期間，我多了一種身份：電影導演。

許多人聽到這個消息，紛紛質疑我拍片的能力，甚至也有許多老婆大人的朋友關心地詢問她：「妳老公不選立委了嗎？」或是更尖銳的問：「他這樣還想選嗎？」這些質疑都非常合理，因為這兩種完全不相干的工作都須具專業背景，過去在台灣更沒有人曾經同時經歷過。

因為太跳tone了，我知道這些人心裡其實想說的是：「吃飽太閒了嗎？這傢伙在想什麼啊？」

我從小就喜歡電影，唸書時還在片場打過工，也曾發表過影評。過去幾十年來不管工作多忙多累，看電影是我不變的休閒選擇。我當然沒實際拍過片，但我學傳播，在電視台工作過，又有些影視圈的好友，我想總不至於完全陌生吧。

在立委任內，因為自己有興趣，我特別用心協助文化創意產業的發展，舉凡電影、音樂、舞蹈等文化藝術相關法案，我都指定法案助理關注。對於政府在政策及預算上的忽視，亦常接獲藝文界朋友們的陳情。我一直認為要發展文創，政府應考慮把電影當作龍頭，再以整體規劃及包裝的方式帶動各項產業。然而，政府長期忽視拍片業者，也沒有妥善配套的產業鍊，加上百分之百放行美國好萊塢大小片，卻沒有針對本土製片有任何配套措施——儘管美其名有所謂的「輔導金」，卻僧多粥少，國片業者許多人都是靠著對電影的強大熱情在勉力支撐。

聽了業者的心聲之後，我實地了解一輪各國政府究竟對本土電影提供了什麼樣的協助。例如鄰近的韓國，政府以配額政策保護本土片，院線片中有一半播放的是國片，政府更是獎勵韓國企業投資換取賦稅優惠，大大小小的鼓勵政策讓韓國電影工業得以蓬勃發展，韓國產品更可以隨之行銷至全世界。

於是，我陸續提出諸如所得稅法第十七條修正條文等提案，像是「政府補貼票價」、「票根享受抵稅」、「企業贊助減稅」等政策，也督促主管當局開放更多限制，讓兩岸得以共同開發市場，擴大華語片格局。

可惜的是，這些政策在官員的較保守思維下，並未能徹底執行；電影產業仍然像是孤兒，雖偶有城市行銷話題，但在沒有法源配套下，也總是無法持久。再加上台灣淺碟型的經濟形態，市場規模小、銀幕數量少，更無法激起更多資金及人才的投入。我雖然協助相關立法，也允諾擔任電影協會的理事長，更接下主席職位促成亞太影展在台灣風光舉辦，但對於電影工業的復甦，總覺得心有餘而力不足。

當時，有一好友有意投資台灣文創產業，並聽了我的分析，願意從電影產業著手，我們聊著聊著，兩人決定一起出資拍片並擔任監製。這位朋友其實自己在影視圈也有些人脈，於是我們各自積極尋找、推薦一些編劇、製片與導演以組成團隊，無奈籌組過程並不是很順利，為了節省時間，我們乾脆自己跳下來當編劇，構思出了一個劇本，但是導演還是沒著落。

我突然想到，當電影導演不也一直是我的人生夢想之一嗎？若真有機會擔任這個工作，我不也就更能了解國片製作的各環節與困境嗎？朋友聽了也認為，過去從未有立委做導演的例子，從行銷角度來看，這未嘗不是一個可行的嘗試？而且或許還有機會帶動更多企業投資國片，豈非兩全其美？

說我自不量力嗎？我承認，當時沒日沒夜的民意代表工作實在讓我感到疲憊，於是我被這個美夢成真的童話故事給沖昏了頭，之前自己所知道的什麼「電影要有笑有淚」，要「談置入性行銷」……等等全都被拋諸腦後，心中只想到不能影響立委工作，所以一定要利用立院休會的兩個月期間來拍攝與完成這部電影。

這麼趕的時程，我對自己也沒那麼有自信，找了在電影圈有實務經驗的監製，請其協助完成電影的拍攝與後續製作。

《港都》這部電影的故事有點複雜，以一個企業家族的兩代恩怨情仇為背景，再穿插了打鬥、飛車、海底潛水、情感糾葛等場面。為了控制時間，我們每天拍攝近十八小時，而為了節省成本，一些能免費的都想辦法運用，例如好友客串，我與太太也軋上一角，字幕也由我一手包辦翻譯成英文，至於電影主題曲與配樂則請專業音樂人特別編寫配唱，不過年少時曾經出過唱片的我也還是唱了一首。

雖然有些地方能省則省，但我們還是要求最好的，而第一次拍片難免狀況百出，於是製片預算大幅增加，且預定的兩個月時間到了，片子還沒拍完，但我必須開始忙選舉而得暫停拍片了！等到選完再回來作業時，我處女座的龜毛個性實在不甚滿意之前所拍，於是再找演員回來補拍。製片喊錢不夠了，不囉唆，立馬再去貸款，前後花了整整兩年，我總算完成這個隔行如隔山的艱鉅任務。

雖然是「穿著衣服改衣服」的作品，但總是人生第一次，於是我卯足勁跑宣傳，上廣播電視節目、記者會、映後座談什麼都來，每天等票房數字回報，就像播新聞等收視率數字一樣緊張。

當了導演，我也才真的知道在台灣拍電影有多辛苦，雖然票房最後以慘賠收場，眼淚只能往肚子裡吞，但所幸海外版權收入還算可以，才能勉強向參與投資的好友們交代。

事實上，在片子開拍之前，我曾向許多業界前輩請教，大家都說現今就是「青春校園愛情」或是「鄉土爆笑喜劇」風格當道，想要賣座，就得走這些路線。不過當時我們的劇本已經寫好，箭在弦上，儘管知道這部片並非會大賣的片型，也還有改進的空間，但也沒料到票房會如此慘澹！

還沒上映前，我帶著片子到伊朗、新加坡等地試映問路，當地的觀眾與媒體都說好看，甚至還曾有兩位俄羅斯美女激動地跑來告訴我，她們是如何被感動與她們最喜歡的片段，但是，台灣的票房還是不好，我也只能自我安慰，至少也還是有人花一樣的錢不去看隔壁好萊塢的大片而選擇了我們，應該要偷笑了啦！

這段宣傳期間我暴瘦了一圈，之前雖然在求學、選舉上也曾遭遇挫敗，但那些都還算是我熟悉的領域，付出努力到底是會成功還是會失敗，自己心裡大概至少有個底；但對電影這行，我完全是在漆黑當中摸索前進，想到還有其他朋友的投資，壓力就大得不得了。

在這段焦躁黑暗的日子裡，我只能靠著「就算頭破血流，也是自己選擇的」這樣的信念與太太的支持撐著前進，她告訴質疑我的朋友：「一個人一輩子能做幾件喜歡的事呢？」

雖然她一開始也曾反對我做電影，但在了解我的熱情與想法後，她「一個人一輩子能做幾件喜歡的事」的話語就成為暗黑苦澀中，小小的光亮與甜蜜。

走過導演路，嚐到這一行的辛酸，我真切感受到台灣電影從業人員的無奈。台灣市場規模小，許多導演只能仰賴電影輔導金，但又因為資金的緣故只能做小品電影，而本土小品要想與好萊塢大片競爭本就不易，甚至有時連要找戲院願意放映都不是件簡單的事。

在商言商，戲院喜歡賣好萊塢大片是可以理解的，想想一對情侶好不容易有空看場電影，電影票加上飲料、爆米花，兩個人就得花上個七八百元，同樣是休閒娛樂，一般人當然感覺歐美大片較有CP值。因此，許多電影從業人員就必須去拍廣告、MV來維持生計。

這次失敗，徹底打醒了我的導演夢，卻澆不熄我對電影的熱愛與支持；所以直到現在，我還是繼續投資好的劇本及年輕導演的新片，改用另一種方式支持我熱愛的電影產業！

做了政治，拍了電影，雖然結果並不甜美，但是我認為苦不會白吃，路不會白走，這些經歷依舊成為澆灌我的養分。**而我熟悉夢想，樂於分享，渴望為下一代的幸福做更有意義的事。**因此，在電影夢完成後，我決定進入科技產業服務，因為科技可以改變人類生活的樣貌！

等著看吧！我將再一次走進我人生中的另一全新階段，以改善人類生活的嶄新發明，為我的人生目標繼續築夢。

Chapter 2.

會轉念，不怕幸福轉錯彎

人生過程其實很簡單，在崎嶇的道路上摸索前進，有些人會被路上石頭絆倒，從此害怕前進；有些人則懂得轉彎，走向另一種幸福。很高興，我一直是後者，懂得轉彎，懂得轉念，並且一直有更想去的遠方。

一般人害怕失敗，是因為許多時候其實是被自己想像出來的失敗景況給嚇到了——事情還沒發生，就自己嚇自己，反而陷入一種深深的恐慌懼怕之中。

我人生遭遇的第一個恐慌期，就發生在入伍當兵要抽籤的時候。

那個年代常會聽學長、前輩說當兵有多嚴、多辛苦，尤其所有役男都怕抽到「金馬獎（在金門、馬祖服兵役）」，在那個年代，若不幸抽籤抽到前線外島，無異像是被宣判無期徒刑一樣的痛苦！

那是兩岸壁壘分明的時期，金門、馬祖都是軍事前線，光一來一回就比其他營區辛苦，要嘛坐船暈十個鐘頭，要嘛飛機常常因天候問題而停開，再加上前線操練與紀律特嚴，許多役男都視金馬為畏途。

這些話聽進耳裡，也在我的心裡埋下陰影。赴區公所抽籤之前每天心神不寧，吃也吃不好、睡也睡不好，一直擔心自己會抽中「金馬獎」，然後整個世界就崩毀了……

心思細膩的老媽察覺到異狀，問我到底怎麼了？

「我很怕抽到去金門、馬祖當兵的籤……」

老媽不疾不徐，用她一貫的教學口吻說：「你想想，現在的人平均都活到超過七十歲吧，當兵，不過就短短兩年而已。」她這樣開導我：「眼一閉、牙一咬，忍耐一下就過去了。你應該要去想的是，接下來的五十年要怎麼度過？」

老媽這番醍醐灌頂的話，確實撫平了我的焦慮。多年後，當我進入社會再回首過去，也充分了解我們在日常生活中會自我困擾的原因，往往只是因為我們較易把目光停駐在某個眾人談論的焦點上；事實證明，**跳脫糾結，眼光放遠，就能看到不一樣的視野。**

當兵兩年，真的不過是人生一小段，我卻因為恐懼不明的未來而讓自己陷入混亂的情緒裡。老媽一席話讓我茅塞頓開，整個人清醒過來，真的就不再懼怕抽籤的事了。

結果，我沒抽中「金馬獎」，卻抽中了另一種型態的「籤王」——野戰部隊。或許是因為已經調整好心態，進去後反而覺得部隊中的訓練並沒有想像中的艱辛。

我還記得有回洗碗不小心打破了碗盤，當場被班長罰做一百五十個伏地挺身。乍聽之下挺嚇人的，對吧？但一想到老媽的話：「眼一閉、牙一咬，忍耐一下就過去了。」就換個想法告訴自己：就當作是在鍛鍊身體吧！

這樣一想，就不覺得這個處罰那麼難以忍受了。

沒多久，藝工隊公告要招考新隊員，我思索再三，想到每天日程不變的作息操課雖已習慣，但總覺得軍中生活中的學習與挑戰已然到了一個瓶頸，在好奇心驅使下，鼓起了勇氣去報考，居然被錄取了，成為藝工隊的歌手及主持人之一，負責表演外，還得主持每天的勞軍活動和晚會。

很多人以為在藝工隊當兵是標準的「爽兵」，頂多唱唱歌、跳跳舞，根本沒有野外出操等體能訓練課程。當然，在考上未報到之前，我也曾有過這樣的幻想，覺得熱愛藝術活動、又有豐沛校園演出經驗的我，應該會在裡面輕鬆愉快，大出風頭才對。

但事實上，在加入之後，我才發現軍中表演工作排演之勞累辛苦，遠遠超過野戰部隊中的訓練，不僅幾乎每天巡迴全省部隊演出，還要運器材上軍艦、暈吐十幾小時遠征外島的金門、馬祖、澎湖、東引、烏坵勞軍。每到一個站，還沒休息，就得先幫忙扛所有道具，並架設舞台、燈光、音響；演出完畢，又得把行頭再次裝箱上車、上船、上鐵皮、上火車，繼續下一站的行程。而每天在舞台上主持、表演時，也因高階長官坐在台下觀賞，我得把全身上下每一條神經都繃緊，再加上島內外旅途的勞頓奔波，年終又必須編導排演大型的文藝金像獎藝工競賽節目，使得整年下來都有那種全身虛脫、喘不過氣的感覺！

現在回想起來，這段當兵期間每天高壓緊張、上台演出的密集經驗，雖然過程辛苦且只有短短一年，但竟然在無形中，替我在退伍後的職涯發展上，提供了一個千金也買不到的寶貴的經驗！從跑新聞、當主播，到留學深造、再到問政、選舉的繁複挑戰，無形中為我打好了一個不畏挑戰、不怕磨練的的心態基礎。

比如說，每天登上舞台當主持人，可以鍛鍊口條與機智反應；賣力搬運道具，可以鍛鍊毅力；同時，每天能和有各種天分的知名藝人合作，分別負責戲劇、導演、音效、燈光，以及與十人大小編制的樂隊成員一同共事，為當天的演出活動同心協力，真是一大樂趣及享受。而毫無意外地，這些我曾在軍中一起共事的同僚，在退伍後都在他們的專業中，得到幾乎是教父級的評價與地位。

回想起來，我真的很幸運能夠在兩年的軍旅生涯中，得到了很好的訓練與薰陶，也奠定了我尊重每個人的專業與重視團隊合作的工作態度，這是我從未想到當兵能夠帶給我的收穫。

人生很長，凡事只要轉個念，相信會有不一樣的風景；放下了執著，一切必將充滿無限的可能性。

一片歌手明星夢

唱歌，一直是我的興趣，也是在工作忙碌之餘自我排遣的娛樂。我從小就喜歡聽音樂，也粗略學過一陣子的吉他、鋼琴、薩克斯風與長笛等樂器，還參加過學校合唱團，擔綱過男高音的獨唱。

在世新最後一年時，功課壓力較小，我找了三個也喜歡唱歌的男同學組成「呆呆熊」樂團。我們一開始是參加世新校內比賽，一舉拿下民歌比賽與西洋歌曲大賽的冠軍，接著參加校際比賽，也獲得不錯的成績。然後，《五燈獎》節目就找上門來了。

《五燈獎》可說是台灣最早的「選秀節目」，比現在的《超級星光大道》、《中國好聲音》等節目早了三十多年，天后張惠妹就是在這個節目展露頭角。

那一年，我們抱著好玩、試試、增加生活經驗的心態參加了《五燈獎》「你談我唱」單元，沒想到竟然一路過關斬將。當時我們四個大男生，人手一把吉他，還不知道怎麼裝酷與包裝自己，只是一邊彈吉他、一邊唱著民歌或自己寫的歌，竟然就收到好幾箱觀眾來信，信裡盡是稱讚與愛慕。

「想不到耶！我們居然紅了！」私底下，我們幾個人相互拿這件事調侃，也真有種飄飄然的感覺，甚至因為別人的高度稱許，也覺得自己挺不錯的！

我們一直闖關到三度五關（最高是五度五關），才因團員中有人接到兵單，依依不捨地告別了這個節目；這件未能登頂完賽的紀錄，也在我心中留下些許遺憾。

我畢業後入伍當兵，臨退伍之際，報名了大學的插班考試，竟然順利通過政大東方語文學系的轉學考試。不過，真的唸了這個系後，又深深疑惑起來——這跟我喜歡的傳播與新聞科系有很大的差別，我真的適合這個系嗎？

就在這時候，有唱片公司想起了「呆呆熊」之前所締造的輝煌成績，找上了我，商洽出專輯的事。這確實很吸引我，我愛唱歌，又喜歡嘗試做些不同的事。現在，機會來了，不但可以出唱片、還讓我們自己寫歌、選歌，甚至可以讓我當MV導演，我沒考慮多久就答應了。

於是，我找了「呆呆熊」其他團員討論，其中有一位出國留學在即放棄了，另兩位則決定和我一起「勇闖歌壇」。他們其中一個在房屋仲介公司擔任店長做得有聲有色，另一位則在美商公司做傳銷，收入頗豐；但在我的熱情召喚下，都決定放下手邊工作，一圓兒時夢想，更替自己的人生尋找一種新挑戰、新歷練！

出唱片的過程相當繁瑣，一連串的企劃、寫歌、蒐歌、製作、錄音、拍宣傳照、拍MV、上電視打歌、校園宣傳……等等，多到數不清的開會、活動、跑行程，再加上政大的課業，讓我常常有分身乏術的感覺。評估之後，在政大讀了一年，我就自動輟學了。

不過，辛苦籌備許久的專輯，問世之路卻不如預期。或許是我們所做的音樂還不夠成熟，也或是整個唱片企劃風格太過特殊，總之，我們推廣屬於我們自己樂章的過程，也碰到阻礙。

當時的電視媒體只有三家獨大的無線電視台：台視、中視、華視，隨便一個節目都有超高收視率，我們這種沒有知名度的新人樂團要上綜藝節目，得靠唱片公司宣傳天天到電視台找節目企製報到，打躬作揖地苦苦「推銷」我們，甚至還要花點錢才能上通告；好不容易有通告上，我們也很容易遭受冷落，我看在眼裡，很不好受。

我的個性向來不愛求人，總覺得如果真有本事，自然人家會注意到你，於是看到公司宣傳為我們到處奔走，讓我對他們既敬佩、又羞愧，心想可能是我們不夠好吧？但其實，唱片公司也曾找了許多專業人士試聽，許多人回饋的意見都是認為曲風清新脫俗，應該可以在流行樂中脫穎而出，但為何就是得不到電視節目的青睞？宣傳難推動，銷售就難帶動，成績就一直平平又淡淡。

所以，我和團員私下約定，給自己半年時間衝刺夢想，若不能在這段時間內發光發熱，之後就沒必要再眷戀這個圈子了。對我來說，那是個進退兩難的時刻——夢想到手，卻沒有想像中水到渠成，那我究竟要不要持續這個夢想與目標？

我很理性評估自己。論外在條件、音樂創作、現場表演或許不差，但在流行音樂圈裡，有這樣條件的人已經太多了；他們簽了長約、住進公司、每天沒日沒夜、美姿美儀、歌舞排練，只企求一個能把表演當作職業的機會。和他們比較起來，我覺得不論在先天資質或是後天努力上，我都差他們差遠了！再加上我很務實地思考，我沒辦法一輩子靠家裡支持，演藝工作也少有人能持久，我將來若想要成就屬於自己的一番大事業，這個行業的風險的確高了些。

就在我還在徬徨不知該如何抉擇的時刻，突然傳來我們入圍第二屆「金曲獎最佳演唱組」獎項的消息。歡樂之餘，我靈光一閃，決定把自己的抉擇交給金曲獎來替我決定；若僥倖得獎，就表示我們的才華被肯定，這條路繼續堅持走下去吧！反之，若沒得獎，就把這段旅程當成人生難得的經驗吧！

當看到這裡，相信你已經知道我們在金曲獎頒獎典禮現場的命運了！我們以些微差距落敗，儘管唱片公司老闆及宣傳同仁惋惜、勸進慰留聲不斷，也沒有辦法改變我早已做出的決定。

揮揮手，我的「歌星生涯」就此告一段落了，不帶走一絲難過；但不變的是，我會繼續向下一個挑戰自己的人生階段更加認真奮鬥！作為「一片歌手」，很多朋友問我到底有沒有遺憾？我大笑一聲並坦白告訴他們，還真的沒有，我反而覺得老天幫了大忙，替我做出及時跳出的選擇。

環境不對，個性不符，又不是人生早已立定的志向，有什麼好留戀的？除了當歌手，我還有許多夢想要追求，我要做新聞記者，還想做電影，這些都是還沒有實現的願望，如果我繼續戀棧歌唱界，那其他的夢想怎麼辦？

人生過程其實很簡單，在崎嶇的道路上摸索前進，有些人會被路上石頭絆倒，從此害怕前進；有些人則懂得轉彎，走向另一種幸福。很高興，我一直是後者，懂得轉彎，懂得轉念，並且一直有更想去的遠方。

嚮往飛翔的大男孩

如果你問我：「你做過這麼多工作，最懷念哪一個？」

答案可能會超出大家的想像——絕對不是立法委員、也不是新聞主播，而是空服員。

「為什麼是空服員？」很多人會有這樣的疑惑，我則大笑著回答：「我雖然做過很多算酷的工作，但哪一份可以像空服員一樣？每天可以穿得西裝筆挺、光鮮帥氣地出門，又周遭都是美女一起工作的？而且還領美金哩！」

我當然是開玩笑！但因從小就嚮往「行萬里路、讀萬卷書」的精神，很想去看看世界有多寬廣。這個執著埋下了種子，竟然促使我在一進入社會工作的前幾年，就真的實現了從小幻想周遊列國的夢想。

當時的台灣，男孩子沒服完兵役是不能出國的，我可以趕在退伍隔天立刻辦妥護照，可見有多渴望出國！十五天後，我已經坐上飛機，飛往新加坡與馬來西亞。

第一次出國，立刻覺得整個心境海闊天空，國外一切事物都是那麼新鮮，我完全著迷於「旅行」這檔有趣的事；對於當時的我來說，那就是全世界最美好、沒有任何可與之相比的樂趣！但是出國很花錢，我不可能一直旅行下去，除非……

我把腦筋動到擔任旅行團的領隊頭上，那確實是個可以欣賞世界又可以同時有收入的行業。

帶領我走入導遊世界的，就是我第一次出國跟團的那位領隊大哥。他是個幽默風趣的人，當我跟他說自己對於帶團工作很有興趣時，他完全沒有潑我冷水，反而跟我說有機會就介紹我入行。

一個月後，他們公司正好有個領隊臨時不能出團，他打電話給我，問我願不願意試試看，我的個性本來就不怕挑戰，立刻滿口答應。那次的第一次帶團歷練讓我信心大增，我沒有因為經驗不足或尚未考取執照而畏縮，反而在行前就用盡全力去發問、去了解，補強工作上所需要的知識，例如：熟悉各景點地理位置、熟背當地風俗相關資料……等基本功。

因為扎實的準備工作，公司對我的表現讚不絕口，除了不斷排我出團，也替我報名考試，讓我考上了領隊執照。此後兩年內，我跑了世界上三十幾個國家，也因為國際領隊的待遇不錯，存下職涯的第一桶金。

當國際領隊是個具挑戰，又能自我超越的工作，不過，因為常常得帶重複的路線，講一樣的話，原先感到新鮮的異國情調，在重複一遍又一遍之後，也讓我疲倦到失去了動力，失去每天投入工作的熱情。

這確實是我的罩門，我的個性喜歡新奇事物，不喜歡重複。再加上當時旅遊界制度的不健全，也讓我偶覺有些失落，所以雖然待遇不錯也能存到錢，但面臨每天一模一樣的忙碌與成長瓶頸，我興起了出國深造的念頭。

當年在台灣，要出國深造談何容易？要有時間去補習英文、要通過TOFEL、GRE的留學考試、要備好所有資料申請學校、還要籌足至少一年能在美國生活的費用及學費，現在的領隊工作幾乎已經全年無休，勢必沒有時間補習，但不工作又無法存足所有費用，這讓我我陷入兩難，也開始思索：有沒有什麼樣的工作機會可以讓我有時間補習考試？能夠精進英文實力？又同時能夠存到更多留學經費的？想了想，還真覺得是天方夜譚！

在繁忙的出國帶團行程，有回搭上了西北航空Northwest Airlines（現已被達美航空Delta併購）班機，恰好遇到一位好友竟然在飛機上當空服員，兩人久未見面，趁他工作空檔一聊就聊得很盡興，還聊到彼此的工作，他也讓我對空服員的工作性質有了初步了解。

下了飛機後，我內心在呼喊：「天啊！這不就是我一直尋覓的理想工作嗎？」

工時少、收入高、休假多，不但可以維持行萬里路、讀萬卷書的生活，還可以把每個月內近半個月的休假期間拿來準備出國的相關工作；加上西北航空是美商公司，力行一個聽、說、讀、寫全美語的環境，相信可以讓我的英文更上一層樓。

因此，當一知道西北航空準備徵人，我立刻鬥志昂揚、開啟作戰模式！我精心製作了一份履歷表寄去應徵，那份厚厚的履歷不是只有白紙寫上黑字，我用厚紙板做了精美的封面、封底，當中還以英文圖表描述我曾在世界各國遊覽的經歷，期望能讓看到的人留下深刻印象。

因為我知道，履歷表是考試的第一關，與其用千篇一律的一張A4紙，為什麼不多用點心、讓收到的人瞬間了解我全力以赴的決心？

在考進西北後不久，人事室經理還特別告訴我：「你的履歷表做得真好，我一見到後就決定要用你，連自己也不知道為什麼會這麼主觀。」

是的，我順利通過初選。接下來的筆試、口試，我也拿出全身本領來準備，尤其是英文問答，我自己設定一百道題目及答覆內容，然後把每道問答記得滾瓜爛熟。記得那次共有三千多位角逐者參加甄試，最後女性取七名，男性一名，我很幸運，就是那雀屏中選的唯一男生。

西北航空空服員一錄取後，就要前往美國明尼蘇達州的明尼亞玻里市總部受訓。我們那期共有來自世界各地的二十三個同學一起受訓，要在兩個月內學會所有飛機上的服務與禮儀，包括不同機型、艙等的供餐服務、飛機上的緊急處理……等等，甚至連機械常識都是我們的必修內容。

那時明尼蘇達州正是冰天雪地，我們每天從早到晚排滿各種課程及頻繁考試，大家都拿著筆記本不斷背誦，簡直比準備考大學還辛苦！也因為這樣，我們同批學員培養出深厚情誼，後來也成為飛機上彼此扶攜的同事。

回想起那段在飛機上服務的日子，我真的覺得是一份好快樂的工作。空服員薪水優渥，而且一個月只要上班十餘天，其他時間可以自己利用來看書或是學習；再加上西北航空航點多，隨時可以登上頭等艙完成自己的旅遊夢。

如果我願意的話，可以把這份工作當成終身職業。那為什麼不繼續這份工作呢？坦白說，就是「貪心」，我實踐了一個又一個的夢想，過程當然是開心的，但我還是不斷問自己：那個從小立志的大夢想，何時要去實現呢？

好像每個老師都會出個作文題目：「我的志願」，而我在第一次碰到這個作文題目時，寫下的就是「新聞記者、新聞主播」。不過，父母一個是軍人，一個是老師，我對新聞圈一無所知；但隨著年齡漸長，我知道，如果要達到這個目標，光靠相關學科畢業學歷是不夠的，我還需要有經歷及專業上的努力，因此在歷經了國際領隊與空服員兩種見多識廣的工作後，我期許自己再去多學習來圓我最初的夢想，也豐富我的人生。

我的老媽是老師，從小就要求我們兄弟姊妹的學業成績，對老媽來說，她因為有那張文憑才能做老師謀生補貼家用，所以老媽也一直提醒我們學歷的重要性，她認為那是別人拿不走的能力，也是能幫助找到好工作的有力配備。

既然當初做空服員就是想出國深造，所以我在工作之餘，開始留意考托福、

GRE的事，同時利用工作之便，在飛美國的行程中找出空檔去找學校。在走訪了不少學校後，我相中了東岸風光明媚的波士頓的艾默森傳播學院，想在那裡完成我的留學夢想。

於是，我再次啟動主動出擊模式，寫信給學校希望能有面試機會，信上寫道：「我來自亞洲，熱愛學習傳播領域知識，我願意飛到貴校，希望有機會和校長先生見面，爭取到貴校的入學機會。」

其實我憑藉的，是當空服員常常飛美國的便利，但這個主動爭取面試的態度卻給以傳播類課程為主的學校留下良好印象，畢竟來自亞洲的學生很多，但很少有這麼積極的。我與艾默森校長會面，他表示十分感動我可以大老遠飛來，他徵詢了一下我的興趣，以及在學校裡想獲得什麼樣的知識……聽完了我的想法，看見我的熱情，他當場表示了歡迎之意。

確定拿到艾默森學院入學門票後，我只能不戀棧地辦妥空服員離職的手續；兩週之後，我正式走進艾默森學院的大門，重拾書本。

到了艾默森學院，我發現校風自由開放，和世新很像，只要學生主動積極，便可以學到很多。我當然不會白白浪費這麼好的機會，因此除了設定目標用心修課，也在課餘時和大波士頓地區附近學校，如哈佛、麻省理工學院等諸名校學生進行互動及聯誼。那時我們波城留學生除了組成讀書會相互砥礪外，也會安排休閒活動：每逢大考結束後，輪流至召集人家中聚餐，還要各自獻上手藝，帶一盤食物過去。那種互相分享的感覺真好，也稍微寬慰了遊子們的思鄉之情。

至今二十年了，我們已各自回到台灣並為人生努力奮鬥，但仍常常一起聚會，而且老規矩，每人各出一道菜 Pot Lot，一起重溫那段年少共同歡度的美好時光。

在校期間，我除了積極參與社團、社交活動，還抽空參加學校影視戲劇類的活動；且由於我對電影、傳播有濃厚的興趣，我還額外選修了獨立製片、媒體研究兩堂外系的課。同時，我也積極參加校外實習，甚至在畢業前，與波士頓地區的公共電視台共同製作、企劃、主持了一個《中國城記事》紀錄短片的小節目。另外，我也主動向學校爭取打工機會，受聘為外籍學生顧問，協助他們解決許多在選課或是生活適應上的大小問題，讓學校與我都很開心。

雖然我只用一年的時間就完成碩士班學業返回台灣，但我把握時間參與校內外各大小多元活動，這讓我獲得了許多寶貴的經驗、友誼與美好回憶，這些都是難以複製的珍貴體驗。

從一個嚮往飛翔的大男孩，到碩士班的學生，我覺得機會真的掌握在自己手裡，而且，**「第一印象」往往是別人打分數的基準，第一印象好，才能奠下好的基礎。**

不管是考空服員的自製履歷，或是主動出擊聯繫安排學校面試，這都是表現出積極與重視他們的態度；對方收到了這樣的熱誠，基本分數就不會差到哪裡，再來只要有真本事，便能將目標手到擒來。

那如何留下好的第一印象呢？**把自己想像成主考官吧，你希望被怎樣的表達方式打動？然後，就去做吧！但別忘了，良好的執行力才是最後成功達陣的重要關鍵！**

從主播到發言人

完成夢想，是件快樂的事，但不代表往這條路上的每一件事都是快樂的，更不代表，夢想從此不轉彎。

一九九九年，從康乃爾大學博士班畢業之後，我回到台灣，落腳TVBS新聞台，擔任新聞主播與製作人。

二〇〇〇年總統大選，民進黨的陳水扁、呂秀蓮當選，我就坐在主播台播報政黨輪替的新聞，當時真是熱血沸騰！剛從國外回來，就見證台灣民主新局面，我真的覺得台灣的前途充滿光明。

那時的TVBS新聞自我定位在監督政府的守門員角色，換句話說，就是跟在野黨一樣，以針砭政府施政為己任——國民黨執政，我們檢視國民黨；民進黨執政，我們當然檢視民進黨。

二〇〇〇年十月，陳水扁總統逕自宣布停建核四，沒有尋求朝野對話，也沒有落實民間共識，引起很大的社會對立。於是，我們製作一個專題，剪輯陳水扁屢次談到核四的發言，對照之下，讓人民看見這位政治領袖的前後矛盾。

沒想到這個專題出來以後，我們不斷接到來自政府高層的關注，還直接打電話到電視台來，擔任製作人的我，就直接面對這樣的壓力。簡而言之，陳水扁總統認為TVBS是針對他，但事實上，我們只是秉持新聞人的客觀公正，而不是為了一己私利而選邊站。這樣的關注與壓力，讓我看到政府器度的偏見與狹小。

我所受的新聞訓練告訴我，記者是「第四權」，獨立於國家的行政、司法、立法三權之外，所以應該客觀、公正、自由、自主地監督政府。當初讓我興起不如歸去想法的原因之一，就是因為有黑手干預新聞自由，面對政府用這樣的一個方式對付一個新聞台，讓我更是義憤填膺。

就在這時候，國民黨主席連戰先生找上了我，希望我可以去擔任國民黨發言人的角色。

那時的我認為，政治不是我熟悉的領域，而且在美國留學期間，我看到標準兩黨制所運行的政黨政治，做得好就支持、做不好就換人，所以，我自己的立場是不排斥政黨輪替，但不需捲入太多意識形態、民粹式、仇恨式的對立。我單純相信，那才會讓台灣更好。

但是，政黨確實輪替了，台灣真的有更好嗎？

國民黨敗選之後痛定思痛，要丟掉包袱，改革創新。為了招募更多年輕支持者，以及改善媒體報導形象，因此想要找一位年輕並有媒體工作背景的新血發言人，聽說是有黨內人士看到了我在主播台上的表現，而推薦了我。

坦白說，「到國民黨當發言人」從來不在我的夢想清單上。然而，我博士讀的是「政策分析暨管理」，從擬定政策到監督執行，都必須盯緊細節，回到台灣的工作我也秉持所學，從新聞採訪到編排順序，從製作內容到播報呈現，同樣也是必須嚴謹把關，而這些訓練若能幫助一個政黨更好，我是否應該讓自己換個領域試一試呢？

我在TVBS的待遇很好，是國民黨發言人比不上的，所有不少朋友都問我：「你為何要選薪水低的工作？」

「可以毫無顧忌上電視罵人啊。」我開玩笑這樣回答。

就這樣，我的夢想轉了彎，我接受了國民黨的邀約，三十五歲的我成為國民黨創黨百年來最年輕的發言人，再一次學以致用。政黨發言人，就像一家大型企業公關扮演的角色一樣，要理解組織的政策與作法，再用清楚生動的方式與大眾溝通、爭取支持。

我還記得我第一次以發言人身份和眾名嘴一起上直播的政論節目時，現場開放call-in，竟然有民眾打電話進來罵我。

「國民黨走親中路線，你這麼年輕，竟然跟著當走狗去賣台?!」那位先生非常慷慨激昂。

這樣的直擊炮火我從來沒遇過，但我依舊面不改色對著鏡頭說：「我從美國回來，一向從整個國際環境角度來看台灣，當全世界追求『和』的時候，我們不能置身事外，更應避免爭端，讓台海成為潛在的火藥庫；我尊重你的發言，但很遺憾，我沒辦法認同你。」

這是我的理念，也是我一向堅持的想法，在繞過地球一圈之後，我回到台灣從事公共事務，就是期許在經濟掛帥的全球競爭環境中，我們要跟上世界的脈動，不要妄自菲薄，不要故步自封，更不要有意識形態。

做為一個發言人，我的心態必須要重新調整──從一個把麥克風遞出去的記者，成為拿起麥克風的人；從複誦與解讀他人訊息的主播，成為主動傳達訊息的人。以前採訪時我最討厭受訪者不回答問題，所以做發言人我絕不迴避問題，面對記者提問，我誠懇地盡可能滿足他們的需求，也與同仁每天監看輿情、研究媒體內容與包裝相關政策，希望能多方傾聽社會的聲音，也讓選民更了解國民黨。

這是我職涯轉變最大的一份工作，後來甚至改變了我的人生。儘管從政並非在原本生涯規劃之中，但我的初心並未改變——希望能盡一己之力，為台灣這塊土地上的人，以及我們的下一代，謀求最大的福祉。

夢想會轉彎，跟著夢想走，我看見另一片廣闊的天空。

放棄政治，做科技人

因為年紀輕輕就有了從政經驗，因此許多想投入選舉的朋友也會想聽聽我的意見，並順便問一下：「你真的不出來選嗎？」甚至走在路上遇到選民，許多人仍會關心地問：「還會不會出來選？」我的臉書至今仍會收到選民遞交陳情信希望我幫忙，也還不時會接到他們期盼我再出發的訊息。

當初會決定從政，是因為有基層呼籲要改變的社會氛圍，加上為了我們的下一代，加深了我責無旁貸的勇氣。我們的上一代歷經戰爭與貧窮，卻盡力讓我們這一代平安成長；如今，我們長大了，有能力了，也希望將永遠的太平盛世留給我們的下一代，希望他們更幸福，永遠遠離戰爭與貧窮。

當時，我以為擔任立委可以藉由立法，改變台灣許多不合理的政策與環境；但真正做了立委才知道，立法院是合議制，而且要想把議案排上桌審查，往往得先經過朝野協商這關，而這關就充滿了濃濃的政治角力。我的人生觀一向樂觀積極，但是每每看到我的努力與理想，被淹沒在朝野互罵的言詞中，有時還得脫下書生外衣，捲起袖子，為可能到來的肢體衝突做出準備，我的內心就感到深深的悲哀——這是我想要的嗎？這是我們台灣社會需要的嗎？大家都說是為了台灣好，但是朝野沒有互信、無法對話，許多議題就算有溝也不通，而時間就這樣一點一點流逝……

有人說是「時勢造英雄」，有人說是「英雄造時勢」。曾經，宋楚瑜在擔任省長時贏得了「勤政愛民」的好名聲，後來參選總統也捲起了千堆雪；二〇〇五年，連戰不計毀譽，前往大陸進行破冰之旅，為兩岸交流寫下歷史性的篇章；二〇〇八年，馬英九以「小馬哥」氣勢橫掃全台進入總統府；現在，蔡英文成為中華民國第一位女總統。是時勢造就了他們，還是他們造就了時勢？

而接下來的十年二十年，台灣又是會由誰來領風騷呢？

但現在這個局勢，我還看不到下一個能再帶起這種共存共榮感的政治人物。

我觀察台灣，大概有三種人很合適選舉：第一種是充滿了熱血，感覺自己有滿腔的抱負要實踐。第二種是喜歡擁抱群眾，對於走攤跑場樂在其中，因為一看到群眾就腎上腺素飆漲來勁了。第三種則是家族政治的代表，家族出錢出力、全力相挺以延續家族在政壇中的香火。當然，這三種人也有可能是同一種人——既出身政治家族，也有著理想抱負，個性又喜歡與人聊天搏感情。

我自我剖析，我有理想，走攤跑場看到鄉親也很開心，但是我也希望我能有更多時間研究法案、處理問政；何況，我沒有家族的力量，也沒有壓力一定得傳承政治香火棒子，所以，對於勸進我再選舉的聲音，我只能說，讓更合適的人去做吧。

從發言人到立委，我在政治路上走了十餘年，我常常問我自己：「我究竟能改變台灣什麼？」

我自認盡心盡力，但很遺憾大環境似乎愈來愈差；在現有的制度下，每四年一次的大選，**Winner Takes It All！**贏者全拿的狀況下，贏家有數千個位置可以進行加官封爵，而落敗的一方，卻反而會動用所有力量，在未來四年抵制你、羞辱你、反對你，以累積下一次能夠反敗為勝的本錢；這樣惡質的政治環境，值得充滿理念熱血的我為之全心付出嗎？

話雖如此，我還是選擇相信唯有更多充滿理想的年輕人投入政治，才可能改變現有的惡質生態。只是，要記得，當你掌握政府預算生殺大權時，你的初心是要讓這個國家更好；當你看到政府官員對你客氣三分時，你的本意是要監督他們好好做該做的事……唯有大家一起莫忘初衷，政治體質才可能改變！

有些朋友看到我現在從事科技業的生活比過去安逸許多，會試探性的問我：「你不會懷念過去當立委時呼風喚雨的日子嗎？」

的確，我時常會想起過去從事政治工作的點點滴滴，但我一點也不懷念，我已經把人生中最精華的十多年光陰奉獻給政治了；我很幸運，也很感恩，因為我還年輕，還可以選擇，仍可以利用下一個十多年去追求一個全新的夢想，並把過去十多年來曾失去的健康及家庭生活，一併補回來！

回想當民意代表時每天應酬不斷，幾乎全年無休，更從來沒有機會在家品嚐老婆大人的好手藝。日夜奔波且操煩選民服務案件的結果，是每年健檢報告上的滿江紅，甚至久久和父母吃頓飯，都還要先叮嚀秘書務必把時間先預留下來……

坦白說，我真的不想再回到這種生活中了。政治路需要有新人新面孔一棒接一棒，我現在的新方向，是繼續朝改善下一代人的幸福努力，但服務的領域不同了。我決定在我人生的第二個五十年，投入以研發、創新為核心基礎的科技業。

西元二〇〇〇年，台灣電子產業產值逾五百億美元，成為美、日之後，全世界第三大資訊電子產業聚落，是名符其實的科技島。只可惜近年IC、面板產業風光不再，要想再恢復科技島的美譽恐怕需要更多的努力。

當我思考要轉型進入科技業時，我的目標訂的不小，期許在製造代工之外，能將科技業未來發展的重要關鍵技術根留台灣，以再次帶動台灣經濟的微笑曲線。

雖然每天不用再閱讀大量輿情新聞了，但我好習慣還在，一大早起床除了仍會關注國內政經情勢之外，也會關注全球經濟發展的脈動，我也特別注意到全球未來科技人文發展的幾大趨勢，包括像節能、智能、機器人、養生、文創……等大方向，誰有豐富的想像力且能研發出與掌握到關鍵技術，將想像化為現實，誰就能為人類勾畫出不同於現在的生活樣貌——也許是碳排放大幅減少了，也許是每個人都可以享有更貼心的管家服務了……這些都是我所企盼的。

坦白說，政治操之於他人者太多，但科技，我相信，若願意腳踏實地努力，終有一天就能感謝上帝的眷顧，讓我們為人類做出貢獻。

因為有著這樣的想法，我所共事的研發團隊積極地尋找與開發新技術，期望能夠找出既乾淨又無副作用的潔淨能源。令人興奮的是，目前我們已經看到曙光，正努力讓技術成熟穩定與投入應用面，期盼在不久後的將來，我所投身的團隊可以協助改善人類面對霾害的威脅，以及面對核能的恐懼，讓地球不再烏煙瘴氣！（我無法改善政治上的污濁之氣，那就讓我致力於改善地球的空氣品質吧！哈哈！）

儘管我樂觀看待未來，但是研發確實是門急不得的苦差事。愛迪生歷經一千多次耐熱材料實驗的失敗與六百多種植物纖維的試驗，才終於品嚐到一次成功，發明了第一個燈泡，我們團隊的研發路上也充滿了種種挑戰。不過，我認為，每次的失敗都是在為下次可能的成功做準備，而且，**夢想本來就不是一蹴可及，在我人生追逐夢想的路程上，有受挫，也有艱辛，但也就是這些過往的失敗，才間接促使我走上科技路，也讓我在這條路上怡然自得。**這一次，我的目標設定在世界——我要以科技為更多人服務！

學生時期幸運地以拍攝電視廣告做為打工存錢的方式，這是「心情洗髮精」廣告，選在風光明媚的清大校園取景，捧紅了當時的女子偶像團體「紅唇族」。

學生時代，打工擔任平面及伸展台的模特兒。對比現在的微禿髮質，當時最困擾的反而是頭髮太多，每次上台前皆有勞造型師「打薄」。

連續拍攝三部當時年輕世代心目中手錶第一品牌，「ALBA 雅柏石英錶」系列廣告，因為這份特殊感情，迄今仍是忠誠使用者。

在CD還未問世、僅有黑膠唱片的古早年代，與同學組團，並幸運獲得進白金錄音室錄音發片的機會。

唱片宣傳期，上遍當時三台所有綜藝及音樂性節目，包括當年最紅的《強棒出擊》，由盛竹如、沈春華主持，在機智問答節目中更連連過關斬將。

考上美商西北航空公司擔任空服員，並在酷冷的明尼蘇達州受訓兩個月，結訓典禮上終於可以正式穿上制服留影。

擔任記者工作時，最期待的是重大新聞時刻的發生——主播 1996 年亞特蘭大百年奧運開幕典禮，並獨家採訪了突發的奧運公園爆炸案，迄今仍是新聞工作中的最大成就感。

第一次正式播報新聞，並不是帥氣地坐在主播台上面對鏡頭，反而是站在藍色 Key 板前，像任立渝一樣比手畫腳、大談天氣萬象。

上：雖然只能在夢中做到 NBA 級灌籃動作，但當記者的一大好處，就是可以接近並採訪像 T-Mac 這樣的灌籃巨星。

下：三年苦讀，終於獲得了美國長春藤名校康乃爾大學博士學位，最要感謝的是我的父母，及我最敬愛的指導教授 Professor Babcock。

上：熱愛所有運動項目，做了民意代表更覺得責無旁貸，想盡辦法幫助基層推廣棒球，所幸我們重慶國中小將不負眾望，勇奪亞太冠軍獎盃回來。

左：立委任內熱衷公益活動，即使從來沒接觸過國標舞，還是硬著頭皮抽空苦練，並和授舞老師聯手「Jive 捷舞」，進行公益募款。

人生既然充滿夢想，追夢就需不怕挑戰。然而，第一次真正有害怕感覺的還是 1993 年，在紐西蘭南島基督城挑戰「高空跳傘 Sky Diving」。

雖然沒有機會當上外交官，但在立法院時以外交委員會主席的身分，仍可以陪伴國家元首出訪各個國家，完成夢想。

小夥子第一次參加選舉就選立委，需要主席、副主席的聯手加持，所幸總算不辱使命，順利當選台北市最年輕的立法委員。

堅定的執行意志加上同仁辛苦付出，終於完成了由單一民間社團主持、並有數千外賓共同參與的大型國際影展承辦成功記錄。

為完成從小到大的電影夢，上山下海包辦所有的電影製片工作，更親自擔任編劇及導演，和演員一起進入美妙的蒙太奇境地。

上：多年留學經驗，使得立委任內訪美更顯親切，特別是在華府的雙橡園內，早已留下心中永難忘懷的熱情、友誼，與美好回憶。

左：走上自己擔任主席的亞太影展紅毯，表情看似輕鬆，心裡確是忐忑不安，深怕生平第一次辦這麼大的活動會有瑕疵，有辱影迷負託。

Chapter 3.

我這樣面對失敗

對付失敗，的確需要做些練習；練習韌性、練習樂觀、練習減壓、練習快速站起來……每個練習都需要時間與經驗的累積。我向來不怕失敗，並非是我臉皮厚，而是覺得失敗大多只是因為自己還沒抓到訣竅，所以我一直會修正方法，務必達成目標。

我非常喜歡小孩子，可惜與太太求子多年始終未果，反而身邊多了很多乾女兒、乾兒子，都是親戚好友家的小孩，我常花時間跟他們在一起，享受陪伴孩子長大的樂趣。

有天，我陪乾女兒去幼兒園玩耍，她想挑戰攀爬架，我坐在一旁陪她。爬著爬著，她停下來不敢往上爬了，還開始叫我，要我抱她下來。

我問她：「妳怕高嗎？不要怕，我就在旁邊，隨時可以抱住妳。」

她搖搖頭，放棄了，只想趕快下來，去玩另一個遊戲設施。

我覺得很可惜，但先不強迫她。第二天，我再帶她去同樣的地方，鼓勵她再嘗試看看。她爬著爬著，爬到昨天害怕的地方，一樣停下來了。

「妳把手再往前勾，」我跟她說：「然後腳再往前，就可以了！」

在這樣的鼓勵下，她果然多爬了一格，但也就是一格，不願意再爬了。

那也沒關係，只要每次的嘗試都進步一格，總有一天，她會克服恐懼，全程爬到底。

每個人面對失敗的態度不一樣。有的人在溫室下長大，從小被家人呵護備至，家人怕他失敗，他自己更怕失敗，於是常覺得目標遙不可及，只要碰到一點困難就搖頭放棄。有些人則是因為曾有過的失敗太讓人沮喪，於是從此不再有鬥志，深怕再遭到打擊。還有些人則是失敗後會好好檢討，想要雪恥再試，有時雖然可能因為太想成功而壓力太大、表現失常，但有時也確實會因為一再嘗試而終於成功。

我自己就是最後那種人，也覺得那才是面對失敗最正確的方式。

失敗的感覺總是令人難過與失望，但是只要知道調整方向、重整旗鼓、改變作法、堅持目標，這個過程反而會變成未來你成功的助力。

我向來不怕失敗，並非是我臉皮厚，而是覺得失敗大多只是因為自己還沒抓到訣竅，所以我一直會修正方法，務必達成目標。可是，有些失敗的經驗，的確會讓我有自己「不夠聰明」、「能力不足」等感受，就會衝擊自信心，也影響了未來的結果。這種讓「自尊心受創」的失敗，最需要小心應付。

不過，我必須說，很多時候這種傷害自信的感受，是自我想像與批評出來的；在外人眼裡，我們未必是輸家。換句話說，**讓自己失落的不是失敗本身，而是你只看到自己的不完美，卻沒看到其他部份其實你做得還不錯。**

對付失敗，的確需要做些練習；練習韌性、練習樂觀、練習減壓、練習快速站起來……每個練習都需要時間與經驗的累積。

我的天性確實比較樂觀，遇到挫折，我往往會想：「又學到一件事了。」再轉個彎，想想補救的辦法。而我的韌性，也是在一次次失敗中，鼓勵自己、累積經驗後才養成的。

當我失敗的時候，絕不會自暴自棄的說：「我什麼都做不好」、「我真笨」、

「真是個白癡」、「我完了」這些貶損自己的話。而相反的，我會自我解嘲、自我鼓勵：「喔，原來沒那麼容易喔。」「沒關係，下次再試一次。」「可能準備不夠吧！下次一定要注意。」「別人都做得到，我也可以！」我總是強迫不讓自己陷入悲觀與無助的失落困境。

要知道，**你是自己最好的朋友，即使全世界都放棄你，你也不應該放棄你自己。**你可以難過、沮喪，卻不可以失去對自己的信心。上帝造人一定有賦與你的使命及長處，但如果連你自己都不相信自己，又要別人怎麼相信你呢？

看看我多次失敗的經驗，也許你就會發現其實你真的還不錯！

記取教訓，不犯第二次錯

每個人都會犯錯，而且難免會犯一樣的錯誤；我可以接受自己的犯錯，但不容許自己犯一樣的錯誤。

有一次工作到太晚，回家前想吃點宵夜果腹，我順手將車停在店門口，想說吃清粥小菜很快，加上車又停在視線範圍內，就放心地連車門都沒鎖。沒想到吃完宵夜回到車上，不得了，放在車座上的手提包不見了，裡面有錢包、證件，還有家裡的鑰匙……掉錢或證件已經夠嘔了，鑰匙掉了更是麻煩，因為還得擔心小偷會進一步光顧家中，所以還得趕緊找人換鎖、重新打鑰匙。

這時，我告訴我自己，不需要生氣抱怨，是我自己一手造成這樣的結果，我能做的，就是彌補，並且不再犯相同的錯。從此以後，無論我開車到哪裡，一定先把車停好，並且鎖好車門，這就是那次開我車門的小偷教會我的事，這門課一輩子都受用！

我認為每次經歷犯錯，就要像蓋章似的印在腦子裡，讓自己記取教訓。

有一次我在開車時，前面的車子突然緊急煞車，我趕緊也跟著踩煞車，但還是追撞上去，還好沒有釀成大禍；但車上的家人也都已受到驚嚇，這讓我非常自責，所以從此以後，我開車一定與前車保持安全距離，也會注意後車是否跟得太緊，不容許再發生第二次。

大家也都應該有坐計程車掉皮包的經驗吧，丟錢事小，麻煩的是所有證件、信用卡都得重辦，手續繁瑣、勞心費神。其實，只要提醒自己養成習慣，在每次下車關上車門前再回頭檢查，我保證，從此不會再發生類似錯誤了。

錯誤教會我們凡事更謹慎，所以我願意承認失敗，並且要求自己不再犯相同錯誤；唯有這樣，錯誤才能值回票價。

有些人個性較大而化之，不在意一再犯相同的錯，會覺得那只是不拘小節。也許這些小錯誤不至於造成重要的影響，但對於別人來說，往往代表了做事不夠細心，而不敢將重任託付予你。

從美國回來後，我一直在學校兼課，與年輕朋友相處。我很享受與年輕朋友一起討論或工作的感覺，因為年輕朋友有十足的衝勁，也有單純的理想，所以我一直鼓勵與我接觸的年輕朋友要勇於嘗試，絕對不要因為害怕失敗就裹足不前。常常，在他們猶豫不決、不知該不該去嘗試某件事時，我都會請他們從這個角度去思考——這件事情如果失敗了，會有什麼後果？這個後果是你所不能承受的還是能夠負擔得起的？如果最壞的結果你都能夠承受處理，那麼為何不就放手一試呢？況且，一試就成功的人畢竟是少數，所以也要學習面對失敗，汲取教訓，提醒自己「不貳過」，這才是最重要的。

我初入政壇時，就發覺我所屬的政黨多是老面孔，十分缺乏年輕人的新思維，因此在我進入立院籌組立委辦公室團隊時，就刻意培植新血，所有的助理都不超過我的年紀。

我的想法其實很簡單，我這麼年輕就能從事神聖的政治工作，一定要給更多比我年輕的朋友機會，讓他們可以一步步接棒上來，這樣不但自己不會脱節，更可以培養社會上更多熱血青年承擔責任。

在我辦公室將近十位年輕的助理群中，有一位甚至是還在就讀大學四年級的政治系學生。雖然有些實習性質，但我沒有輕看他，他也很積極地協助問政與提供建言，我看好他的靈活頭腦，給了他很大的發揮空間與舞台，甚至有時還會請他代擬質詢稿。

辦公室主任曾經來找我：「委員，這麼重要的工作交給這個小朋友，會不會太冒險了？」

我知道主任的顧慮，她也是為我好，但我相信，凡事總有第一次，何況，質詢稿我會看過，站上質詢台的也是我，所以就算他真不行也不至於出大問題。而且，我也相信，給年輕人機會，讓他們有努力的目標與榮譽感，他們會更賣力。不過，畢竟他還年輕，有時面對找上門來、做出並非合理要求的選民會失去耐性，而因此得罪選民，有時也會無法達到主任的工作指派要求，但我還是選擇包容與引導他，因為我知道他對政治有想法也有潛力，需要的只是時間與磨練，我願意給他機會，也相信他一定能夠有所成長。

由於我的重用與他的認真，幾年後他被我一個財經界的好友看上，想要挖角帶他一起去香港的金融圈工作。那是份豐厚的待遇與一個不錯的職位，這讓他很掙扎，也不知我願不願放人？

我記得那一天，他懷著忐忑的心情來徵詢我的意見；出乎他意料之外，我非常樂見他有更好的發展，並送上滿滿的祝福。他驚訝之餘，除了感謝我多年的栽培，也詢問為何我會大方放行？

「如果你有更好的歷練與成就，我也會覺得驕傲；放心去闖吧！任何時候想回來，我的大門還是隨時為你而開！」他感動地向他職場中的第一個老闆感謝道別，並立誓未來一定要有一番作為。

隔沒幾年，如我所料，在學成了更扎實的本領後，他成為一名有潛力的政壇新秀，第一次參選市議員就高票當選！他就是台北市最年輕的議員，徐弘庭。

弘庭當選之後，還特地來告訴我：「老大，當初若不是你給我這麼多機會，就算犯錯也願意讓我去嘗試，我就沒有歷練和機會能走到現在的位置。」

聽到他這麼說，讓我這個引他入門的師父非常高興。的確，**失敗也好、犯錯也罷，都是學習與歷練的必要環節，沒有人可以跨過這個階段，直接成功。**

以前的我也曾經很不喜歡失敗之後所聽到的批評，即使是善意的評論，我也覺得十分刺耳，甚至讓我害怕再嘗試，因為我擔心若再失敗會讓這些人對我更失望。所幸，在一次次失敗的洗禮下，我逐漸學會不要太在乎別人的批評與眼光，只告訴自己，先全力以赴，無論失敗或成功，都要對得起自己。

如果你是年輕人，請千萬不要害怕錯誤與失敗，那是通往成功的必經之路，也是你的本錢；如果你不再年輕了，也請你敦促自己，別再犯同樣的錯誤，因為只有這樣，才能讓自己更上一層樓，走上不一樣的路。

正面思考，天底下沒什麼大不了的事

如果你太太告訴你中午會在家煮飯，結果你餓著肚子回到家，連個人影也沒有，桌上更沒有午餐，你會怎麼樣？我想大部份的人都會不太高興吧?!

這是發生在我身上的事。那天我去打高爾夫，出門前說好了回家吃飯，老婆大人也說會煮飯；後來我錯過了她的電話，回到家，桌上連個影子都沒有。

「老婆大人，妳在哪裡啊？」我打電話問她。

「我出門了，打電話找不到你，我想你應該在球場吃午餐了。」老婆大人說：「你在家嗎？那怎麼辦？家裡沒東西吃耶。」

「那正好，我可以去吃一家最近很想吃的餐廳！」我說。

坦白說，我周遭有許多好友常常在抱怨類似這種事的發生，甚至還引發出一些婚姻緊張關係。我絕非修養比別人好，我只是不覺得這樣的事有什麼好生氣的。如果你一直去想：她怎麼可以這樣？我們不是說好了嗎？這種想法不但自己生氣，對方難過，也沒有任何人得到好處。換個方式想，我可以去吃自己想吃的餐廳、老婆大人可以去做自己想做的事，不是皆大歡喜嗎？

有人說這叫「正向思考」，我的說法是：「天底下沒什麼大不了的事啦。」與其為了小事抓狂，真的不如換個念頭，讓所有人都能好過些。

以前我也不懂，就是任由自己被負面情緒包圍，但後來我發現，生氣又能怎樣？無法改變事實，反而懲罰了自己，也無法理清下一步該怎麼處理。所以現在的我，碰到一些狀況時，會盡可能先提醒自己深呼吸，讓情勢緩和下來，然後嘗試跟自己對話：「這件事有這麼嚴重嗎？除了這種想法，還有別的可能作法嗎？」漸漸地，就能有不一樣的作法出現了。

等功力夠了之後，不需要深呼吸、也不需要自我對話，一切就像呼吸一樣自然了。

我之所以不害怕失敗，也跟這樣的練習有關，既然天底下沒什麼大不了的事，失敗與成功不也就是這樣嗎？

「失敗」讓我們感覺受困、無助，往往讓人陷入負面思考；對於我來說，不會挑讓自己深陷憂鬱的路，而是會很快地反省，回想哪個環節出了問題——是事前的準備不夠？是考慮不週？是忽略了什麼？再想盡辦法了解造成失敗的關鍵，所以不會一直沉浸在失敗的鬱卒情緒裡，找不到出路。

如果你覺得自己的工作、家庭、關係都很負面，不妨去看看壓力比我們更大的人，許多領域中的菁英在高壓下的修為，就十分值得我們學習。比如說，永遠在向自己紀錄挑戰的運動員！

我喜歡運動，之前當主播時還曾固定播過體育新聞，並採訪過奧運等世界級盛會。在多次接觸或採訪運動明星的機會中，深深體悟到成為運動員的辛苦與代價，他們或許一開始是因為興趣而運動，一旦有了不錯的成績，想要更上層樓，就得經過嚴格的訓練及不斷的挑戰自我。沒有人喜歡輸，但也不會有人總是贏，所以如何從失敗中再站起來創新高峰，永遠是運動員的功課。

近幾年因為工作較為單純，我迷上了打高爾夫球，也因為贊助比賽，而有機會結識一些高球界的明星，包括這幾年曾經高居世界第一，台灣高球界最閃耀的一顆星，曾雅妮。

雅妮六歲就開始跟著爸爸曾茂炘打遍全台灣的高爾夫球場，成績及膽量好到每一個叔叔球友都打不過她，於是她被一群曾爸爸友人出錢全力栽培，送到美國進行訓練。並在十七歲時就拿下二〇〇四年美國公共球場業餘錦標賽冠軍，開始在世界高球界嶄露頭角。二〇〇五年還在美國女子業餘公共球場錦標賽以一桿之差，擊敗韓裔美籍球星魏聖美，躍昇為台灣高球界的明日之星。二〇〇七年開始成為正式職業選手，完成多項國際公開賽事，隔年贏得女子美國巡迴錦標賽，成為這項大滿貫賽有史以來最年輕的冠軍得主，時年僅十九歲。

雅妮是許多高球紀錄保持人，她是LPGA史上累積獎金最快達到兩百萬美金的球員、史上第一位在同一年包辦納比斯科錦標賽與英國公開賽冠軍的球員、台灣第一位獲得英國女子公開賽冠軍的選手。

二〇一一年，是雅妮職業生涯的高峰，她贏得澳洲ANZ女子高球名人賽冠軍後，登上世界排名第一的最高峰，也是職業運動史上第一位華裔球后！

攀登到世界第一，當然令人興奮，但是壓力也絕對比第二名、第三名都還要來得沈重，因為妳不可能再往上爬了，只有維持，或是往下掉；同時隨之而來的，還有全世界的高球迷眼光都集中在妳身上，媒體與粉絲也隨時追著妳的生活、成績追問不休，相信這樣的生活恐怕連一般的大人都難以招架，何況她還只是個二十出頭的小女生？

不久之後，雅妮遭遇低潮，接連幾場比賽慘遭淘汰。即使其中偶有起色，打出不錯的成績，但世界第一的寶座最後還是不保。連續三年間，她的狀況起起伏伏，但就是沒能再攀上高峰，許多人都在問：「曾雅妮到底怎麼了？」

我非常欣賞她有次接受媒體訪問這個問題時，半開玩笑地回答：「我自己都已經試著去忘記了，你們還要提醒我！」

這就是一種轉念與正面思考，用一種輕鬆的語氣面對自己的不如人意——成為世界第一一定很甜美，但是失去寶座後也不代表人生就此垮去；至少這幾年的低潮，讓她越來越了解自己的優點與缺點，這也是一種收穫。

最近有一次，很幸運地和曾雅妮同組參加一場 **LPGA** 巡迴賽前所辦的職業業餘配對熱身賽，期間我們倆走在青翠的球道上有說有笑，看得出她心情輕鬆愉快，她很坦然地告訴我，以前的她，很重視成績，很在乎大家看她的表現，每天都想著要怎樣打更好，要用什麼策略？結果越想越多，壓力越大，反而更打得不好。現在的她，開始學習不再關心外界的注視，享受每一場比賽的過程，熱情擁抱這份摯愛的運動，讓自己每天都覺得有收穫，慢慢找回學球初衷時的感覺。結果那天我觀察，她打出來的每一顆球，幾乎就像她在做世界球后顛峰時的狀態，而我們這組，也獲得了非常好的名次。

到了第二天正式比賽開打，與她同組的換成職業選手，都是平常互相競爭的對象，看得出她打得比較謹慎，成績也沒有前一天的好。儘管如此，雅妮總是帶著笑容與大家打招呼，而且，面對媒體追問她的狀況，她也會開玩笑調皮地說：「可能需要看心理醫生。」

高爾夫我絕對技不如雅妮，但有時或許「旁觀者清」。那次，我特別仔細觀察她四天下來的整場比賽，我感覺過去當球后時，雅妮很能享受那種眾人對她既畏懼又欽羨的眼神，但現在，她卻似乎會不自覺地避免與其他選手四目相對，以免尷尬；換句話說，她也仍在克服失去后冠的壓力，這確實不容易，不過看到她球賽中的專注與面對媒體的態度，我相信她必將再起！雅妮，加油！

看看曾雅妮，想想自己，是不是也覺得自己的失敗沒那麼可怕了呢？

在人生路上，遇到挫折就要學會放下或轉彎，最好的辦法是將之視為轉捩點，無論你做那一行，相信我，在你那行最頂尖的第一名，一定也曾經失敗挫折過，所以，請你要告訴自己：**失敗，就是成功的新起點。**

掌握方向，為自己負責任

從赴美第一次留學並取得碩士學位回台後，我就開始回母校世新教授傳播課程。那時候的我還不到三十歲，幾乎都可以和學生打成一片，上課氣氛十分愉快融洽。後來即使工作上有變動，甚至參與繁複的選舉事務，我也絕不放棄校園兼課的機會。

有人問我：「為什麼已經工作這麼累了，還這麼積極趕去學校教書？」

我笑笑不答。因為這就是我常保清新活力的最佳秘方啊！

當我還是學生的時候，受到許多師長們的啟發，開啟我對人生漫漫未來路的初始想法。兩次赴美深造，接觸了來自世界各地的菁英，無論老師或同學，都讓我看到另一個更寬廣的世界，也使我對人生有一個更深、更廣角度的思考。因此我曾暗自發誓，如果可以，我也希望能將我所學、所吸收到的知識與經驗，讓更多校園內年輕人分享，也許只是一句話、一堂課，只要能對這個學生在他一生中發揮任何一點影響力，並對他有所助益，都會讓我覺得再怎麼辛苦都值得。

每逢新學期開始，面對新同學，我都會開宗明義地先介紹我為何要開這堂課的精神，與他們應該了解的我。

首先，我不是一個重視考試成績的老師，我更在意的是，學生在課堂上跟我的互動，以及他們究竟渴望能在這堂課學到什麼的態度；所以期中、期末時，我打分數的方式不同於一般老師，我不要求筆試，而是讓同學以演練或報告的方式複習之前所學，並以內容來作為打分數的依據。而至於表達的形式，我開放全班討論，並尊重結果。這麼做，是要讓大家學習參與，並同時為自己所做的決定負責。

我認為到學校上課，除了學習每個學門的基本知識外，最重要的還是一個「學經驗」的過程，這個「經驗」不只出現在課本上，而是在課程討論、社團參與、同好交流、競爭態度以及與師長互動等的種種經歷過程。

所以我常常告訴學生，我不會強求一定要在我的課拿高分；我反而希望大家一定要趁在校園的這幾年黃金歲月中，學好更重要的三件事：一是語文能力要好，最好是英文，因為這是你未來深造、就業考試時最好的拿高分武器；二，專注在至少一項學科專長，並培養成未來足以讓你第一個老闆驚艷的才能，這會是你人生所有自信的泉源；第三，多參與校內外社團，先從同好間養成基礎社交能力，這些會是你最廉價的社會人際關係基本功訓練。

我告訴學生，及早擁有這些條件及本事，不但可以比別人擁有更多機會，也會因自信，而更能掌握自己的未來。況且，就算在校園內學習成長的過程中失敗了，殺傷力也是最小，更不致損失重大，牽連家人，因此反而是最安全嘗試失敗、同時培養更多經驗的黃金時機。

很多學生一開始或是不在意或是不以為然，等到畢業後，在社會上歷經磨練，不幸屢遭挫折後，才開始體會我曾提醒過他們的話。我常收到畢業一段時間的學生捎來謝語，感謝我的經驗叮嚀，讓他們在一出社會的真實世界競爭中，早已蹲好馬步、站穩了腳步！

「失敗」的歷練，是人人必經，想逃也逃不掉，可是，為什麼有些人失敗了，卻能很快地站起來，甚至再試一次；有的人失敗了卻自此一蹶不振？我看到有些人喜歡將失敗歸咎於大環境不好、公司政策不明、家人不支持、朋友不講義氣……每個失敗的關鍵都不在自己的身上，千錯萬錯，都是別人的錯！我認為這只是在逃避問題而已。

把責任歸咎於別人，或許可以讓自己暫時紓緩失敗所帶來的壓力，但同時也意味著不敢為自己負責，如此一來，將越來越失去為自己人生做決定的勇氣，也只會離成功越來越遠。

我觀察那些喜歡把失敗怪罪給環境或別人的朋友們，他們下意識總覺得自己是無法改變現狀的、甚至許多事情在還沒做之前就雙手一攤，拒絕任何嘗試。客觀來說，這種心態其實很可怕，因為這是主動釋出自己對人生的掌控，放棄一個能夠主導自己人生方向的機會。相反的，勇於為自己負起責任的人，才能愈挫愈勇，為自己的夢想一路勇往直前。

林書豪是我最喜歡的運動員，他的背景相信每一個亞洲球迷都耳熟能詳——NBA史上第一位台裔球員，也是第一位參加選秀未上，仍靠自身努力擠入NBA窄門的亞裔球員；更是自一九五四年以來，第一個打進NBA的哈佛畢業高材生。

我聽林爸爸說，林書豪一家三兄弟都酷愛打籃球，但他個性最為積極，從小就以進入NBA為夢想目標，但林媽媽很堅持以學校功課為重，先唸好書再打球，所以兄弟們就朝同時兼顧學業與籃球的夢想前進。

林書豪高中時就是學校球隊主將，最後還幫球隊拿下州冠軍，並被加州媒體評為「北加州 Division 2 年度最佳球員」。

可是這項讚譽卻沒讓他獲得任何 NCAA（美國大學運動聯盟）所屬一級學校的運動獎學金，反而是向來不提供運動員獎學金的哈佛大學給了他機會。而他也善用機會成為全方位球員，帶領原本體質不佳的哈佛籃球隊征戰 NCAA 各場球賽，被 ESPN 評為「全美十二名全能球員之一」，而且締造哈佛大學籃球史上史無前例的紀錄——同時獲 NCAA 最高榮譽「約翰．伍登獎」和「鮑勃．庫西獎」雙項提名，終於讓他有機會進入 NBA 當年夏天的選秀盛會。

即使二〇一〇年第一次參加選秀會落榜了，讓林書豪及所有支持者沮喪不已，還一起狠吃了一百五十支辣雞翅來發洩，但他從來沒有把責任怪在別人頭上，反而敦促自己更努力練球，最後也因這個不懈態度，被達拉斯小牛隊注意到，進而邀請他參加夏季聯盟比賽，表現出色引起了媒體與球探注意，才有機會最後進入家鄉球隊金州勇士隊，一圓從小以來的 NBA 夢想，並終於在一年後以麥迪遜花園廣場的「林來瘋 Linsanity」表現紅遍全球！

林書豪追求夢想一路上受挫的經驗比享受榮譽的時間還多還長，身為NBA球場上絕對弱勢的亞裔籃球員，他受到更多的歧視及注目，因此壓力也更大。他自己也說過，他曾經想過放棄夢想，是家人與信仰給他的支持才讓他度過許多人生的黑暗期，並以積極的態度迎向下一個挑戰。

如果你是林書豪，你會因為身處黑暗之中而放棄嗎？還是你會像他一樣，為自己所設定的目標而奮鬥不懈呢？

現在很多年輕人流行創業，也許是因為認為現階段大環境薪資過低，不願只領那一點薪水，也或許真的是認為自己的想法很好，或是身懷某領域的核心技術。無論如何，創業過的人都會發現「老闆其實比員工更不好當」，需要有比員工更強大的心臟，所以對於年輕人的勇敢創業，我都敬佩與肯定。不過我同時也觀察到一個現象——有些年輕創業者或許因為拿的是父母的錢，而沒有「只許成功」的決心；有的則是只想早早收穫，反而太過躁進，這都是很可惜的。

以前的人要創業，多半會準備較久，也會拉長獲利目標的時間，一旦投入，會觀察經年才決定是否放棄或繼續。但現在一些創業的年輕朋友，有時只投資幾個月就期望能大發，若成果不如預期，就認為投報率太低而收手不做；或者也有些人是小確幸心態，覺得「沒賺錢也無所謂，沒賠就好了啊，這樣已經算不錯了吧」。

我每每看到這兩類的年輕人，都替他們感到惋惜。

第一種年輕人太想一步到位的成功，於是還沒被目標族群好好認識，先主動放棄，這樣的創業夢少了一點韌性與堅持。如果能夠繼續思索如何好好經營目標族群，也許下一步就能開出美麗的花、也結出碩大的果實。

而第二種年輕人沒有輕易放棄，所以你也不能說他是消極，但是如果鎮日覺得「這樣也還可以吧」，那就容易讓自己滿足於現有的一切，而缺少了點持續拚搏的鬥志與活力。

我會建議想創業的年輕人，要堅持、要大膽、要勇敢為自己負起更大的責任，才能看見無限寬廣的人生方向。

願意為自己負起責任的人，才能好好面對失敗的原因。而不斷挑戰、期許自己做到更好的人，才能無論碰到順流或逆流，都繼續向前航行！

相信自己，尋找發揮天賦的舞台

一位朋友的孩子大學唸了七年，換了好幾個學校與科系，還是無法順利畢業，最後只好輟學入伍。退伍後他投了不少履歷，都石沉大海。朋友很緊張地來找我，想聽聽我的意見。

「他若只有高中學歷，根本無法找工作，」朋友憂心忡忡地跟我說：「我是不是應該要他去報名職訓班？還是先去補習些電腦技能拿些結業證書？」

在台灣滿街都是大學生的情況下，雇主真的沒有理由要選用他這個高中畢業生，所以想也知道，所有人事部門一看到他的學歷就自動跳過、看下一封履歷了。因此，他一次次的求職，一次次的面對失敗，而他的父母，也每天都在為孩子的未來煩惱不已。

聽完朋友的煩惱，我不禁想知道這位孩子究竟對什麼有興趣？

「他什麼都不想做，就是愛玩線上遊戲。」我朋友埋怨說道。

「那太好了啊！」我告訴朋友：「線上遊戲是現在很夯的產業，他為什麼不朝這個新產業去發展？」

朋友一聽，非常詫異，因為他自己從不碰電玩，也不知道電玩市場竟如此蓬勃，只按照自己年輕求學就業時的經驗想法，就要求孩子去應徵本身毫無興趣的工作。我請朋友好好去研究電玩業，並且了解孩子的天賦及專長是什麼；與其去讀職訓班、考證照，還不如去發展自己的興趣，我相信孩子也一定會更積極、用心去找到適合自己發展的位子。

不久之後，我聽到了好消息，朋友的孩子現在是一家知名電玩公司的測試員，雖然薪水不高，但他每天開開心心上班，完全沒有了之前所看到的頽廢與不安。而且因為他展現的熱情讓部門主管十分欣賞，代表他在公司遠景可期。

「天生我材必有用」雖是句老話，卻也是我的看法，只是我們每個人是否能夠很清楚地知道自己適合做些什麼？如果找得到，就可以發揮所長，進而在人生舞台上發光發熱。但可惜的是，許多父母不一定看得到孩子的專長，也不見得願意支持孩子的興趣。

朋友的小孩就是一個好例子。他喜歡電玩，也有玩電玩的天賦，當初唸大學的時候，他想選擇資訊工程系或是電機系，以為這些科別與電玩業相關，結果課程內容完全不是他所預期的，所以一再轉校、轉系，卻始終無法定下心唸書。而他的父母因為不瞭解電玩產業，無法引導孩子走上發展的軌道，反而希望他改變志向，去做他不瞭解的事。

要一個人去做不喜歡的事，會有熱情嗎？又能夠撐多久？就算撐下去，會主動積極去做好嗎？

我們每個人一定都有自己的強項弱項，找出自己的強項，就能找到合適自己的道路。

你對數字敏感還是特會講笑話？想一想，你一定有比我強、比你們班第一名同學強的地方，那是什麼？如果你真的還是不知自己擅長些什麼，那就想想自己有些什麼嗜好？喜歡聽音樂？看電影？吃美食？那要不要試著當個DJ？寫些電影評論？還是做個廚師？

找出自己的方向，接著就要為自己設定目標，同時思考「要達到這些目標需要什麼能力」？我又該如何學習這些能力？

如果真找不出興趣方向，找些好朋友或與前輩聊聊吧！有時候，他們或許比你自己還了解你。

記得我在二十歲出唱片時的另外兩個搭檔，其中綽號叫「呆呆態」的那個，看起來就是一副誠懇老實的樣子。退伍後，他在煩惱自己該從事什麼職業，要同學為他出意見。那時連鎖房仲業剛起步，看起來很有發展性，大家開玩笑說他的外表看似忠厚，應該很適合去賣房子。既然大家都這麼說了，他真的去房屋仲介業應徵看看。沒想到，他真的走對了路，現在已是間知名房仲連鎖店的店長，下面帶了十幾名員工，做得有聲有色。

我還有另一個朋友是家中的獨子，由於缺乏玩伴，所以他童年常常自己玩一人分飾多角的遊戲，或許是因為如此，他很會去揣摩別人心裡在想些什麼。因此，當他為出社會該做什麼工作而煩惱時，有朋友建議他去做編劇，但他認為他文筆不好無法勝任。後來一個長輩知道了他的困惑，介紹他去一家頗具規模的直銷公司，因為那名長輩認為他頗能洞悉他人的心理，又喜愛與人交談，很適合做業務工作，果然他越爬越高，做得又開心又好。

不過，找到適合自己的人生方向後，還要隨時為自己充電，為不知會何時到來的機遇做好準備；而且就算路上沒人看好，也要自己做自己的啦啦隊，同時即使是拖著沈重的步伐前進，路上又是坑洞又是水窪的，也要告訴自己：挺過這些就會柳暗花明的！

LinkedIn這個全球最大的專業人脈網，開發者之一的Ricky Sidhu，就是這樣的例子。

他出生於北印度的一個小鎮，從小就夢想當工程師。不過，他的父親很早就過世了，這使得他十四歲起，就必須放棄學業、出外工作，以負擔家庭生計。盼望能多賺些錢的他想出國打工，於是他以出國唸書的名義四處申請學生簽證，被四個國家拒絕了五次，但他仍然不斷嘗試，終於説服了法國大使館，讓他能夠奔赴法國，並以學生身份待了下來。

到了法國，他一句法文也不會講，也沒地方住，摸摸繳完學費後的口袋中只剩下六百美元，於是他先是露宿街頭兩天，再找到一個勉強可以遮風避雨的地方住了幾天，直到他終於找到餐廳洗碗工的工作，他才敢去找租屋住。

他努力工作，五年內就從洗碗工當上服務生、再升上經理，後來更成為一家巴黎餐廳的股東。可是他知道，「開餐廳」不是他要的夢想，「工程師」才是他的願望，於是，他離開巴黎，前進美國。

二〇一三年，他進入了矽谷有名的程式設計學校，Hack Reactor，全心投入學習，也結交許多好朋友。終於，他發揮了天賦，找到自己的舞台；如今，在美國已有資料顯示 LinkedIn 打敗臉書，成為最專業的社群網站。

每次遇到失敗或挫折，我就會想到其他人奮鬥的故事，像是 Ricky Sidhu。

和「成功」相比，「挫折」有時是更好的老師，它提醒我們，要贏，就得把自己磨練得更好，更努力，更堅韌。

換個角度，從太陽系看地球

我參與過三次立委選舉，三次選戰過程中，我都遇到有工作人員無法負荷選戰壓力，向我遞出辭呈；我雖然遺憾，但也從不強留。

我一直認為，每一次選戰都是包括我在內的每一個團隊成員共同學習成長的過程。選戰期間，我們常必須四點多就起床，五點多就開始走訪公園或是早市等處，然後再接著跑各種不同的活動，最高紀錄一天曾有三十七個行程！好不容易行程跑完還不能休息，大家必須再回到總部開完檢討會後才能回家，往往能躺上床的時間已經是凌晨一兩點了，睡個兩三個小時，又是另一天的開始了。

這樣的體力負荷確實很大，我每天凌晨回到家，頭一沾到枕頭就能睡著，每一天早晨鬧鐘一響又立刻跳起來，用心迎接新一天的戰爭。帶領整個選戰團隊，我是主將也身兼操盤手，揹負整個選舉成敗責任，但因團隊成員較年輕，我也往往以大家的輔導長自居。

「大家身體要照顧好，要自己找時間養精蓄銳！」碰到小夥伴壓力過大、健康頻出狀況，我還大聲喝斥：「選不選得上是由老天決定，但你們的健康我可要負責！」

我時時提醒自己，一定要把整個團隊的心凝聚在一起，這才是為共同目標奮進的最佳本錢。

「委員，你說選上靠老天決定，你難道不怕選不上嗎？」大膽一點的小朋友就直接問了。

我的意思當然不是選舉結果靠天決定，而是只要盡力了，不需要把一次的成敗當做生命中最重要的事。論努力，我絕對比其他所有候選人更用心，也身先士卒帶領整個競選團隊前進，但我一方面努力，一方面也提醒自己不要有勝負壓力，有就做，沒有也不是人生終點，相信一切老天都自會有安排，選得上、選不上，都只是人生路上的過程而已。

每當心中因有特定事務糾結而感到煩惱不已時，我常常做一個練習——想像自己的軀體飛在太空中，眼睛注視著美麗的地球，力求自己的思緒，跳出台北、超過台灣、超越地球，從太陽系中回頭來看我現在所處的位置，如此的思維，往往會幫助我跳脫所陷的巢臼，以更高的格局來因應現實世界的挑戰，也都有不錯的效果。

你想想，這個世界上有多少人？一定有許多人在同一時刻也跟你有一樣的感受，一樣沮喪、一樣憂傷，甚至一樣失戀、一樣遭遇挫折，這樣一想，其實你一點也不孤單，不是嗎？

這個練習很簡單，試試看，也許也能幫助你跳脫自己的角色，用另一種眼光看待眼前的事物。

選舉的時候，我也是這樣想：從太陽系看地球，我們在世的生命長度根本無法跟宇宙相比，那一時的成功或失敗又算得了什麼呢？

我相信的真理只有一個：「當上帝關上你一扇門，必定會為你打開另一扇窗。」對我來說，害怕的不是門被關上了，而是因此驚慌失措、憤世嫉俗，導致找不到上帝幫忙打開的另一扇窗，這才是真正的失敗。

我參與選舉以來，每次大選都不是如勝券在握般的輕鬆簡單。

第一次選立委，同選區多的是像李敖、李慶安、賴世葆、沈富雄、許信良等政治明星，沒人敢在選前就預測我這個新人能在老將夾擊下高票當選；第二次爭取連任時，更是與尋求連任的民進黨明星立委王世堅PK，一較高下，連王世堅都說：「國民黨周守訓若選上，台北八仙過海，我就去跳海！」

不只他不相信我會選上，我自己也很忐忑，畢竟國民黨內從沒有選將在此區勝選過。但做了決定、背負了選民的期望，我就會堅持走下去，只要我盡力了，其餘的，老天自有安排。

後來我僥倖當選，記者第一時間圍著問我：是否要求對手王世堅實現跳海承諾？

我說：「那只是激烈選戰中的選舉語言，選後一切歸零，沒有必要再去追究什麼。」

後來，世堅兄還是在輿論的壓力下，實現他的承諾去跳海了，而這個畫面，也成為選戰過去許久之後還為人樂道的一段談資。

選舉應該是君子之爭，大家各有立場、各司其職，也各盡其力，然後一起坦然接受選民決定結果。雖然我信念如此，但可惜的是現實狀況並非如此。每一次選舉的結束，又是另一階段仇恨鬥爭的開始。我痛恨這種零和的選舉現狀，更深感無奈、也無能為力改變這種情況。因此即使勝選讓人開心，敗選我也能夠坦然接受。

二〇一二年我競選立委連任失利，並沒有磨損我的志氣，我重整旗鼓，滿懷信心重新出發去尋找上帝開的另一扇窗，塑造一個不再心存選舉罣礙、全新從拒絕仇恨出發、擁抱滿腔創新熱情的我。

許多人以為我是完美主義者，力求百分百的完美滿分，其實我不是。真正的我，從不自我要求達到一百分，只要九十分就好，我稱之為「九十分哲學」，凡事不要拚過頭，把目標定在九十分就好。

為什麼是「九十分」？因為我不想給自己太大的壓力，有壓力，就會緊張、就會出錯。我不希望在最緊要的關頭上犯錯，所以只要求有「九十分」的表現就好。有九十分，也算達到一定水平，再下次就從九十一、九十二分……一點一點往上加就好。有了這個進可攻、退可守的標準之後，我發現自己的表現平穩許多，而且更能盡情放開手去做，不會因為得失心太重而表現失常。

至於那些在我心中有一百分把握的事，我相信機會到了，就能拿滿分，不一定要是現在，也不一定需要別人的肯定。**「九十分哲學」的好處，就是讓自己盡力卻不至於有太大的壓力，能有「謀事在人、成事在天」的豁達而不會耿耿於懷。**

美國著名心理學家馬丁・賽利格曼（Martin E.P. Seligman）認為，悲觀的人會把失敗解釋成永久性，即使只是在某個階段上失敗了，他們卻認為是所有的階段都是失敗的。而且悲觀的人傾向於將失敗解釋為個人原因，認為只有自己要對失敗負全責。我不是悲觀主義者，所以我相信失敗是暫時的，只要有努力，就會有成功。

我也有情緒非常不好的時候，我會想辦法暫時逃離一下，也許聽音樂或大聲唱首歌、打打籃球，讓自己的情緒有宣洩的管道。也許看場電影，把自己的情緒投射在電影情節中，很快就讓我忘記現實的不愉快。有時候，還能在電影中因故事人物或情節而受到啟發。

例如我看《白日夢冒險王（The Secret Life of Walter Mitty）》，原本宅性很強的男主角，為了尋找熄燈前最後一期雜誌的照片而遠赴冰島、喜馬拉雅山……等一般人不常去的地方去見攝影師，讓我當下領悟，一個宅男可以克服未出過遠門的障礙，我還有什麼顧忌？一條條自我激勵的神經線因而被激活，步出電影院，感覺腳步輕鬆，也多了許多鬥志的力量。

和我一起做這樣的練習吧，**當目光不再只停留在自己身上，不管你有沒有信仰，都會發現這個世界的運轉有它的道理，得之我幸，不得我命。**

學會努力，並對結果抱持豁達的態度，我認為才是真正的積極人生。

Chapter 4.

夢想自造時代

我們都有作夢的能力，但追尋與實現夢想，需要有步驟，懂方法。有些人的逐夢過程很順遂，一下子就能實踐夢想，也有人始終不得其門而入，每天都好像只會在做白日夢。我很幸運，從小就知道自己想做什麼，也一直朝夢想前進。雖然在實踐夢想之前，免不了會走彎路，但我始終會修正，重新走在最初的黃金路上。

人類因夢想而偉大，我們也因夢想而進步。

我常在演講時跟年輕朋友說：**「這是一個夢想自造時代，不怕夢太大，只怕不做夢，只要勇於做夢，人人都可以實踐夢想。」**

在我的年輕時代，大部份的青年都希望找一份穩定的工作，最好可以考到公家機關鐵飯碗，或是進入大公司一路做到退休，對這些人來說，「生存」比「生活」更重要，即使還有夢想、還有想做的事，只能等待退休才去實踐，也有人終其一生讓夢想藏在心中的櫥櫃裡……

這個時代不一樣，能綑綁住夢想的只有自己。

想創業？行，台灣許多文創產業都是年輕人的天下，他們有想法、有熱情，可以無拘無束地勇敢前行！

想從政？行，無論任何政黨都期望更多年輕人投入，政治不再是「大人」的世界，台灣政壇確實愈來愈年輕化！

想旅行？行，揹起背包想去哪裡就去哪裡，無論是度假打工還是出國留學，門檻都比過去容易多了！

我們都有作夢的能力，但追尋與實現夢想，需要有步驟，懂方法。有些人的逐夢過程很順遂，一下子就能實踐夢想，也有人始終不得其門而入，每天都好像只會在做白日夢。我很幸運，從小就知道自己想做什麼，也一直朝夢想前進。雖然在實踐夢想之前，免不了會走彎路，但我始終會修正，重新走在最初的黃金路上。

在這個夢想自造時代，不用去抱怨22K的待遇，因為你的目光可以不只在台灣，而是放眼全世界。無論你現在已經成功摘夢，還是正在作夢，我希望能將自身的經驗與你們分享，讓我們一起步入夢想自造的時代吧。

一、管理時間，一心多用

富蘭克林說過：「一個今天勝過兩個明天。（One today is worth two tomorrows.）」。我說：「今天就是我的明天。（Today is my tomorrow.）」。

「不浪費時間」，是我秉持的一個原則。我無法想像為什麼會有人把一天都拿去睡掉，除非生病了，得臥床休息，否則太浪費生命了！

我常聽到過去一起讀書的同學或工作同事對我的評價：「精力永遠用不完的人！」

他們在校園內、或在進入社會後一些日常聚會中也許不常看到我，但下一秒鐘，有可能見到我在升旗典禮上指揮大家唱國歌、一下子又在電視廣告上露臉，或在新聞上看到我的文字報導，甚至竟然成了競選成功的政治人物。

其實，我並非精力旺盛，而是我會善用時間，想法點子也比較多，再加上永不放棄的個性使然罷了。常常一有了想法，就想付諸實現，而且可以同時做著兩三件不同的事，要訣就在善於管理時間。

我以在美國攻讀碩士那段經歷來説好了，當地學生不在意能否提早畢業，他們多半是社會人士，而且都有工作，讀研究所只是為了薪水升級或公司派他們來做在職進修，並不急著拿到學位。反觀來自台灣學生多為自費深造，待得愈久，花費就愈多，壓力相對較大，都希望能早畢業早好。

只是，一般台灣學生很少事先做功課，不知道有些教授會因為做研究計畫而停課，以至於必修課程沒開，常常得再耗一年等教授開課，實在很浪費時間。還有些學生得花段時間適應英語環境才趕得上課程，都會造成不小的經濟壓力，讓取得學位之路比較曲折。

我比較幸運的是少了語言的障礙，讓我可以很快投入全英語的挑戰環境；而為了想儘早畢業，我更是挑戰一面修課，一面同步完成所有考試，更同時開始構思論文方向，絲毫不浪費時間。

魯迅說：**「時間，就像海綿裡的水，只要你擠，總是有的。」**上帝是公平的，祂給每一個人每天的時間都是二十四小時，既然大家都一樣，懂得管理時間的人顯然多贏一點。

我的習慣，是用筆記本做時間管理，只要一個本子、一支筆，就可以隨時記下想做的事：每天、每週、每個月，一條一條地寫下。完成的事情就打鉤做記號，讓人一目瞭然。一段時間後，我會往前翻筆記本，看看是否有遺漏的，再將遺漏的再抄一遍，逼迫自己執行。等到哪天有空再來個總檢查，每當看到一條條事項都打上鉤了，心裡就覺得有踏實感。

現在更方便了，智慧型手機會提醒我該做的事，還可以因此理出優先順序，幫我節省不少時間。

另外，我自己很推薦「一心多用」，這也是我當主播時所養成的特殊習慣。我在進行現場播報時，通常得一邊看讀稿機，一邊注意播出的畫面，耳機裡還得隨時聽著副控室裡導播的口令，口中又得哇啦啦講出該講的話。你或許會覺得複雜，但對我來說，這樣的反覆訓練可以讓腦子更靈活，即使碰到龐雜忙碌的政治工作，也能讓自己不慌不忙。

EQ專家丹尼爾・高曼（Daniel Goleman）說過，他年輕的時候不知不覺中養成一邊聽四重奏音樂，一邊用功唸書的習慣。後來在《紐約時報》擔任科學線記者，他發現自己居然可以在充滿吵雜交談、打字機等噪音的辦公環境下專心寫稿。於是他開始研究「一心二用」的妙用，居然發現有助於「工作記憶」（或有人稱之為「短期記憶」）的功能。

也許有人覺得：「我專心都做不好事了，何況一心二用？」其實，一心多用不一定讓你不專心。比如：在廚房做菜的媽媽，可能要一邊切菜，一邊注意爐子上的湯有沒有燒開，還要隨時查看一下在客廳的孩子在做什麼，如果不能一心多用，可能就只能陪著孩子叫外賣當晚餐了。

請別告訴我你的一心二用是一邊用手機聊天，一邊做工作。你的老闆會說那叫「不認真」，而我說的也是指同時專注在該做的事情上。

就算我參加某些不用致詞的場合，還是習慣從走進會場開始，就會一邊跟大家打招呼，一邊注意來參加的貴賓有哪些人？場合主題是什麼？如果萬一臨時必須上台可以說些什麼？我會讓這些資訊匯入腦中，或許臨時碰到來賓來與我交換意見，或許被主持人邀請上台講幾句話，或者遇到記者朋友想知道我對這場活動的看法……我都因此能從容應付。

日常生活中，我也常會一心二用：當我在看電視的時候，我盡量不會呆呆坐在沙發上，或捧著爆米花邊吃邊看，而是在客廳的角落擺台踏步機，邊專心看電視邊專心運動，一心二用，也一舉兩得！說實在的，我工作太忙，幾乎抽不出時間運動，現在的體力還保持不錯狀態，全拜一心二用之賜。

建議你也可以一邊閱讀報紙，一邊做做筆記，同時做好筆記分類，一邊想著這些資料以後可以運用在什麼地方。這種善用時間的運用法，只要常動腦去想，一定可以想出更多玩法，讓自己比別人多贏得一點時間。

另外，無論每天行程再怎麼滿、體力再怎麼透支，我每天晚上一定花十分鐘時間反省及思考，將明天的行程、可能遇到的事情、可能的危機……等，做一次腦內的沙盤推演。不要小看「每天花十分鐘思考明天流程」這種小事，往往可以省掉第二天的手忙腳亂與驚慌失措，也可以讓我更從容不迫地面對突如其來的變化，是我一天之中最重要的時光。

二、
設定目標，步步為營

美國汽車大王亨利・福特十二歲那年與父親駕馬車到城裡去，生平第一次看到以蒸汽為動力的車子，激發他的想像與創造力。他猜想，汽油應該也可讓車子發動，並立下心願，十年內要完成一輛以汽油做燃料的車子。之後他前往底特律，從最基本的學徒做起，即使每天勞累地從工廠下班後，仍繼續從事他汽車的研發工作。在他二十九歲那年，終於成功發明了汽車。在發表大會上，記者問他成功的要訣是什麼？福特想了一下說：「**我有遠大的目標，所以成功。**」

再說另一個故事：一九五二年七月四日，費羅倫絲・查德威克在這一天準備挑戰從太平洋游向加州海岸，現場還有幾千萬名觀眾守在電視機前看她的挑戰。剛開始一切很順利，後來卻起了濃霧，海水凍得她身體發麻，她幾乎看不見守護她的船隻。有幾次鯊魚靠近了，被人開槍嚇跑了，她鍥而不捨的繼續游下去。十五個小時後，她累了，即使母親和教練在船上告訴她：「海岸很近了，不要放棄。」可是她還是決定放棄了。結果，上了船只行駛了半英里就到岸邊，眾人都為她的放棄而扼腕。後來她向大眾說明，令她半途而廢的不是疲勞，也不是寒冷，而是在濃霧中看不到目標，讓她絕望。這是她此生中唯一棄賽的紀錄。

這兩個故事是對照組，前者有清楚的目標，所以成就大事業；後者則是因為看不到目標而氣餒，功虧一簣。

想一想，你是屬於哪一種？

哈佛大學在一九九七年曾針對MBA應屆畢業生進行問卷調查，只有兩個題目：

一、你是否有清楚的目標？

二、是否做了計畫去完成？

回收問卷後發現，只有百分之三的學生寫下了目標與計畫；百分之十三的學生心中有目標，卻沒有計畫；其餘百分之八十四的學生，則完全沒有具體目標。

十年後，研究單位再次訪問同一批人，與當年的問卷相比對後發現：當初寫下目標與計畫的百分之三學生，平均收入是同學的十倍；心中有目標但沒寫下計畫的百分之十三學生，平均收入則是剩下百分之八十四完全沒有具體目標的人的兩倍。

這個研究很清楚的告訴我們，趁早設定目標非常重要。

我自己是個很早就設定目標的人，從小在作文「我的志願」就曾經寫下未來想當記者、導演和外交官的心願，如今回頭去看，除了外交官一項沒有真實達成，其他的都做到了，真是很謝謝老天爺。

有一次我去一個學校演講，聊到生涯規劃中設定階段目標的重要性，其中有位學生舉手發問：

「我不知道自己的未來在哪裡？也不知該做什麼？怎麼辦？」

我回答他：「大多數人都有這樣的困擾，但你總有欣賞的偶像吧，試著從你認識的人或是你專精領域的範疇中，找一個『希望未來想像他一樣』的人來當你的 Role Model 吧。」

例如誰呢？比爾．蓋茲？馬克．祖克柏？很好啊，想像他們一樣成功，就要檢視自己的能力，設定時間目標。比爾．蓋茲十三歲時就會很寫程式，大三那年發明 MS-DOS 系統的基礎語言，並放下一切創立微軟公司……同樣的，馬克．祖克柏從小是電腦程式神童，高中就寫出即時通訊軟體程式。進入哈佛大學，駭入學校電腦，發起學生相片挑選遊戲，成為以後臉書的起始……

也許舉這兩人當成仿效目標，難度高了點。但我想說的是，要找到仿效目標並不難，名人是最好的開始，可以先找到一個符合自己專長或相同興趣的名人，學習觀察那位名人成功的時間表，再對照自己的腳步與進展。資質不同、時空不同，也許時間表可以再拉長；覺得這些目標太難，也可以找相熟的家人、親朋好友，或是你喜歡的人，光是身邊認識的朋友，就一定可以發現值得學習的對象。

有了明確的目標設定後，才能規劃積極的時間表，再按步就班按計畫執行，也有了努力的方向。

現在許多年輕人都把目標設定在「賺錢」，這樣沒有不好，但賺錢是為了什麼？還有其他的目標想達到嗎？

例如一樣去超商打工，有人只看到薪水數字，有人想到的是要在幾年後成為店長，有人則是想學習如何經營管理一家店，將來才能開家屬於自己的店。目標越清楚，工作起來就越有動力。

我也常提醒大家，**目標的設定雖然要遠大，但也要懂得「步步為營」。**

日本有位著名的馬拉松運動員山田本一，是一九八四年與一九八七年兩屆國際馬拉松的世界冠軍好手。只要有人問他是如何辦到的？山田本一的回答總是千篇一律：「憑智慧戰勝對手！」這種聽來敷衍的回覆讓大家都不滿意，認為他在賣弄玄虛。

多年後，山田出版自傳，書中寫到他如何「憑智慧戰勝對手」：

「每次比賽前，都會開車把比賽路線仔細勘查一遍，還會將沿途較醒目的標的畫下來，比如：第一個標的是銀行，第二是個古怪的大樹，第三個標的是一座高樓……等，一直畫到賽程終點。

比賽開始後，就以百米的速度奮力地向第一個目標衝過去。到達第一個目標後，再以同樣速度衝向第二個目標。

一趟四十多公里的賽程，就這樣被我分解成幾個小目標，跑起來就輕鬆多了。不像我之前，老是把目標設定在終點線的旗幟上，結果才跑到十幾公里的時候就疲憊不堪了，因為一旦想到、看到，等在我前面的，是一段更遙遠的路程呢，我就被嚇到了。」

這段敍述破解了山田獲得冠軍的秘密，就是分段設定目標，然後一步步想辦法達成，就不會因為始終看不到終點線而輕易放棄。

這就是「步步為營」的概念——**你要有個大目標，並且在往大目標前進的方向上，設定許多小目標，才會一直有前進的動力。**

回想我追求夢想的過程，先清楚知道自己的興趣與天賦何在，再開始設定夢想的目標。在追逐過程中，則不斷評估自己的能力與侷限，修正、補強不足的地方。有時候，築夢難免走到瓶頸，難免需要做出抉擇，此時，我會靜下傾聽自己心底發出的聲音，絕不勉強自己。當時間到了，方向對了，自然會有貴人或是新的機會出現。

畢卡索本來想當詩人，但他的詩被當時極具鑑識力的絲泰茵夫人評得一文不值，於是改行當畫家，進而成為二十世紀最有名的畫家。所以我常說，**保持夢想，往目標前進，但同時也要給自己一些彈性，只要你努力，老天爺為你準備的，往往比你想像中的更美好！**

三、
學好英文，培養世界觀

你知道世界上有多少人在學英語嗎？多達二十億人！因為英、美兩國先後為世界霸權國家，主導了全球政治、經濟、文化等各方面的議題，並因而讓英語成為國際溝通媒介。

前牛津英文字典主編Robert Burchfield曾說：「世界上任何一個受過教育的人，如果不懂英文，就等於被剝奪了某種權利。」確實，儘管現在有越來越多人在學習中文，也儘管西班牙語也是世界語言使用的大宗，但英語還是國際主流語言，如果英文夠好，你就可以在第一時間掌握國際脈動，而不用等待新聞媒體的翻譯報導。

我從小到大唸書普通，大部份的科目成績平平，唯獨英文比較好。沒想到這一點在進入社會後，反而成為我參加許多重要考試時，無往不利的武器，更多次發揮了臨門一腳的作用——靠著英文的高分，我一退伍就順利考上政大的插班；考領隊執照時，完全靠英文過關的；報考中視記者，也因英文成績比別人好很多，順利在千人報名者中突圍被錄取；再加上留學考試拿到高分申請到名校，順利按計畫拿到碩士博士學位，皆是靠英文過關達陣。想想看，人生的夢想實現竟可以單靠英語一項利器達成！是不是很酷？

我從國中開始接觸了英文起，就對這門課產生濃厚的興趣，而且我知道，將來想當記者，要能與世界接軌，英文，絕對是重要的利器。在日常生活中我盡量利用機會學英文；喜歡唱歌，就唱英文歌吧，邊聽邊學時，設法查字典徹底了解歌詞的含意。我愛看電影，就專挑英語發音的片子看；先在電影院看到喜歡的電影後，再租錄影帶回家，而且要把螢幕下方的字幕遮蓋重看一遍，利用已知的劇情，試圖理解劇中人物的英文對白，遇到不懂的單字，再停格抄下來，藉此增加英文字彙能力與聽力。如果意猶未盡，就去買電影英文原版小說來看，增進自己的英文閱讀力。

還在讀世新的時候，寒暑假都會在救國團打工，因而有機會認識許多外國學生。不像很多人因為擔心說話結巴、辭不達意而怕開口說英文；我很敢講，英語本來就不是我的母語，說不好是應該的，而且每個老外朋友與我聊天時，遇到我說不對，或說不出來的時候，他們都會很客氣地指正或告訴我怎麼說，讓我英文因而進步不少。

服兵役時，藝工隊的演出非常頻繁，工作也很辛苦，根本沒力氣練習英文。但幸運地是，與我同寢室的隊友，英文很好也喜歡練習會話，所以我們兩人常一起用英文聊天說地。二年累積下來，英文程度進步不少，後來還先後考進西北航空當空服員呢。

後來到美國攻讀碩士時，我已經認知到，拿到學位是我的目標，但並非唯一目標，我同時也要好好把握能夠與眾多國際優秀青年學生一起上課的機會，並設法在最短時間與當地學生打成一片，體會真正的美式生活。所以，我刻意不去選那些需要死背的科目，而是盡量選修那些需與同學互動、討論的課程。

碩士班的課程很有彈性，有些人一週去學校一兩天，其他時間就用來打工、玩耍、交友……想做什麼，就做什麼。而我，選課時刻意安排每天都有課，即使是晚上的課，我白天就到，要讓自己隨時處於英語環境。偶爾下課後，主動邀請老師和三、五個同學們一起去小酒館坐坐，大夥兒聊聊天、拉攏一下感情。週末的話，就會在家中舉行聚會，邀請老師、同學小聚，順便露兩手，做點台灣小吃讓他們驚豔。大家在開心的同時，卸除了文化及國籍隔閡，開始輕鬆地閒話家常，越來越聊得來，也讓我的英文愈說愈流利。

我常常苦口婆心勸我的學生一定要好好學英文。因為有了良好的英文能力，世界就開展在你的眼前，你不但能很方便迅速地吸收世界上最新、最快的資訊，還能溝通無礙地幫助你結交全球各地的朋友，你將會發現，你的眼界將會有所不同，因為你不只能看見你從小所生長的寶島台灣，你還看到了全世界都在向你揮手打招呼。

我認為，**現在地球村的概念愈來愈清晰，「國界」的概念則愈來愈模糊，所有人都將成為世界公民。在這樣的前提下，我也鼓勵年輕人多出去看看這個你所身處的世界。**

我有很多西方世界的老外朋友，他們往往讀完大學就出國闖盪一番，想要用雙眼認識一下這個世界。或許身上沒有太多錢，跟父母借，或是到時候再想辦法籌旅費，但在這樣的過程中，他們都覺得收穫良多。

我有位老外朋友告訴我，他大學畢業後與朋友一起到南美洲旅遊，旅費用盡了，本來想打越洋電話跟父母借錢，後來他們靈機一動，兩人用最後一點錢買了黑布、白布，裝扮成人與影子，就隨機在公園或人來人往的要道上演出默劇，賺到一點錢後，再改良道具，編個短劇，讓他們賺到更多旅費。然後就這樣一步步地走了六個國家，最後遇到幾個背包客老外，聽說台灣很讚，可以教英文、順道學中文，生活費也很便宜。於是他們來到了台灣，而且一待就是三年，其中一個還在這裡娶了台灣老婆呢！

如果你覺得台灣很小，那就走出去讓整個世界認識你！會英文最好，英文不好也沒關係，只要你夠勇敢，天地之大，絕對有你容身之處！

四、學說故事，讓別人感同身受

你喜歡聽或說故事嗎？在這個夢想自造的年代裡，說故事，已經成為一個必備的能力。為什麼？因為網路時代，人們的注意力太容易分散，無法讀長的文章；故事，成為最容易引人入勝的方式。所以有「故事行銷」這樣的商業模式——用故事增加品牌與活動的記憶點，讓讀者與消費者願意買單。

碩士班時期，有堂課深深啟發了我：「Ghostwriting（代筆寫手）」。這是在大企業、政府機構常見的工作，因為老闆太忙了，沒空擬演講稿，需要下屬協助代擬文字；政治圈更是需要這樣的能人，包括總統、官員都需要幕僚幫忙捉刀擬稿。

要當代筆寫手，基本功課就是要會「演講」。我記得我們第一堂上課，就是要練習「即席演講」的能力。教授將各種主題捲成紙筒，放進大口杯中要大家抽，而且都是生活瑣事，例如：「蛋糕」、「水」等題目，抽中主題就要以此即席演講三分鐘。這個任務看起來很簡單，其實相當困難，因為內容要有起、承、轉、合，而且長度一定要超過至少兩分半鐘，不是只上台隨便說說。再加上英文不是我的母語，想要用有限的詞彙做演講，真是難上加難。

輪到我的時候，鼓起勇氣站上台，我抽到了「水果 Fruit」，只能以不疾不徐的語氣，慢慢將要說的表達完畢。說完之後，立刻被叫到旁邊，有台攝影機把我演講的樣子拍下來了，演講者得提出一個自己的缺點，其他同學也提出我的缺點。

那真是一個很震撼的訓練，聽完、看完自己的演講之後，我覺得自己只有及格而已。但是我發現，整堂課下來，我竟然不是表現最差的，有些美國同學反而說得結結巴巴，甚至語意不明，這才發現到：「原來我還小有演講天分呢！」

上完這堂課後，我努力練習「即席演講」，看到什麼物品或景色就開始以此為主題做即席演講，而且幾乎天天練習。遇到想表達而不會的英文字彙，就查字典繼續練習，慢慢地，我的英文能力與故事組織能力漸漸進步。

後來我發現，即席演講要說得好，就是要有「說故事的能力」，你必須能把一件事情說得完整，並且有劇情，才能引人入勝，讓每個聽的人融入其中。

有一回，我受邀去台灣女子 PGA 協會邀請幫選手上課。很多職業運動員，尤其台灣運動員，從小只知道練習、參賽，很少有機會學習表達能力；一旦比賽得到很好的名次，必然會有媒體想採訪，但他們往往會結巴、不知所云、害怕看鏡頭……

我告訴運動員，「講話」這件事，要掌握「黃金二十秒」。**我們一開口講話，前面十到二十秒是聆聽者注意力的高峰，接下來他們就會分心了**，所以要讓媒體記者、觀眾對你有興趣，就要在二十秒內說出重點！

第二步，回答問題要有亮點、故事性及時事性。例如一段自我介紹，如果只是說姓名、工作……就無法引人有興趣繼續聽下去，因為每個人都大同小異。如果換種說法，以「小名」或「代號」介紹自己，就有亮點，而且可針對「為什麼叫這個綽號」帶出背後的故事。如果，還可以針對時事新聞議題調侃一下自己，必能馬上吸引大家的注意。

最後，我請選手們多多練習對鏡子說話，而且要看著自己的眼睛。這點很重要，很多人不敢看別人的眼睛，這會讓人覺得你閃爍其辭；只要你可以溫柔地對著對方的眼睛說話，會讓人感受你的誠意與誠實。

要會說故事，還得學習「同理心」，要知道聽的人是誰？想聽些什麼？換句話說，就是去揣摩別人的心態；當你愈懂對方，並將他的狀態放進你的對話裡，就愈能引起對方的共鳴。

最近一次赴香港參加慈善高爾夫球的晚宴活動，我是活動主講人之一。我注意到當晚參加的貴賓同時有來自中國大陸與台灣的人士，因此在演講內容上，我特別提到雙方代表與特別趕來晚宴的香港特首，以及感謝香港企業贊助者，同時，我也刻意加入了時事話題，營造輕鬆氣氛。

例如，中國大陸近來實施「禁奢令」，有八項相關規定。在演講時，我特意提到這件事，同時說：「在這裡，只有八個字：多打幾桿，身體健康。少打幾桿，精神愉快！」台下頓時發出笑聲回應。

而晚會當天，適逢颱風天，風雨聲勢驚人，於是我順勢說：「這種天氣在台灣有句俗話『遇水則發』，這場活動一定大大成功。」台下又是一陣掌聲。

說故事最怕的，是「自說自話」，只說自己的話，不管別人的反應。

有一次參加別人的演講活動，是一位事業有成的名人，很多人想知道他的故事。一開始他表現得很謙虛，但之後的演講內容都是在敍述他做了什麼，事業版圖多大，他又賺了多少錢……幾乎都在表彰他自己的戰績，彷彿是一場授勳給自己的活動。演講結束後，我環顧在座大家的反應，很少人臉上掛著滿足的笑容，多半是困惑的表情。後來跟幾位現場好友交換意見，大家深表對這場演講的失望，因為我們已經知道他成功、有名，來參加這場演講會，是希望聽到他分享自己的經驗，而不是炫耀自己有多棒。

當聚光燈只打在你身上時，一定要記住，別迷失在自我良好的感覺中，誇大自己的重要性，而是要將心比心，你要知道聽你說話的人是誰？他們想要聽到些什麼？如果你只想說自己的好，其實，你說給自己聽就可以了。

五、
創新思維，
多嘗試沒做過的事

四十年前，家用電腦還沒現身；二十年前，智慧型手機無人能想像；誰又能預測二十年後，有什麼讓人驚豔的大發明會出現？

我們的生活不斷演進，而所有「演進」都是創新思維的結果，所以我說：「創新」不是容易的事，卻是極為重要的事。

不過，創新不一定是在工作或發明上，有時生活小地方多些創新，用新方式迎接每一刻，也會為自己帶來新感受。

例如從一早開始，我就用各種不同有創意的方法起床，或正確的說，離開床鋪。我會嘗試翻滾下床、腳先下床、在床上做雪精靈（揮動雙手、雙腳）再下床……盡量不重複昨天的方式，這個小動作讓我接下來一整天都覺得精神奕奕。走路出門時，我也喜歡嘗試走不同的小巷、道路，去發現各種巷弄風景，有時候還會找到新奇的小店，大開眼界呢。

我就是從這些生活小地方讓自己不要一成不變——**去做沒有做過的事，不要壓抑自己的好奇心，新的想法與思維往往就在新的刺激之下，跳進我們頭腦裡。**只要我們不對自我設限，像個孩子一樣開放自己的心靈、好奇心與想像力，我們越能有意想不到的收穫。

我在美國讀書的時候，雖然功課繁忙，但一定抽空去劇院聽歌劇、去看電影、去夜店瞧瞧，還抽空去選修學了潛水、騎馬。好玩的是，要考潛水執照的地點、時間可以自由選擇，很多人就近去附近城市考，我卻選擇飛到宏都拉斯。為什麼是宏都拉斯？因為我從沒去過那個國家，剛好趁機去領略一下，一舉兩得。

我還去挑戰美國各種樂園的雲霄飛車，除了訓練膽子，更能盡情放聲大叫、抒發情緒，是我最享受的時刻！後來我不只是玩玩雲霄飛車，還進階嘗試高空彈跳，分別在桃園、澳洲都玩過，非常刺激！也嘗試跳傘、滑翔翼，現在則有機會學習駕駛小型飛機，總算完成了遨遊天際的夢想。

另外，我喜歡旅遊，走過更多國家，就可以瞭解世界文化的多樣性，同時欣賞別人的長處，培養自己的視野。每當我實地踏上異邦，走進異境城市，就能感受不同人文風俗的力量；而越吸收這些異域文化，就越讓我看到不一樣的世界。

別以為旅行就是花錢享受，你可以當背包客住青年旅館、也可以請導遊住五星級飯店，旅行可以豐儉由人，而無論選擇哪一種方式，多看看世界絕對有助於我們的心胸與眼界。

如果你此刻無法動身出門去旅行，那也沒關係，多上上網，但不是打電動或是看好笑的影片，而是不妨去看看世界關注的焦點話題。比如說：去了解「世界盃」的戰績？去看看《歌劇魅影》的魅力？足球並非台灣人的運動，音樂歌劇也不是我們熟悉的文化，但是當「全球的人都在瘋這個」的時候，你當然應該去一窺究竟！

透過網路同步傳播的速度，世界各地發生的事都能即時呈現在我們眼前，所有資訊即時而世界性，別只認識台灣、瞭解亞洲，試著去看看你所不熟悉的其他角落，那些文化刺激會讓你更有想法。

網路不發達的年代，每天至少看三份報是我的例行工作，還要翻看各類雜誌及各種資料影片，只要看到覺得有用的資訊時，會立刻剪報下來或是當場記在紙本筆記中。我向來保持剪報的習慣，還將之分成三大類：公共政策、傳播資訊與文創，這些剪報都和自己的工作相關，尤其台灣近幾年來政治、社會的生態變化與發展問題，每每在各種議題衝突過後，我都會剪下正面、負面的報導，並做好整理紀錄與比較分析。除此之外，如看到生活常識、科技新知等新聞，我也會剪報保留，有空沒事時翻閱一下，活化一下腦細胞，增加我的靈感與創意。這些剪報就像是我的武功祕笈一樣，每次在查閱時，都很有成就感！

我另外還有隨身攜帶的小記事本，只要見到、讀到、看到各種有趣或新鮮的事，就會隨手記下，之後再謄錄到大的年曆本上，做為以後查閱資訊的依據。因為從小筆記本謄到大筆記本，經手兩次，印象更深，無形中增加了記憶力，之後想找什麼資料時，幾乎還記得寫在哪裡。我還發現到，剪報的好處，可以從正面、負面等不同面相的新聞報導，讓我不會只從一個角度去切入思考問題，可以更客觀、公正、全面地去看待問題。

能夠成就偉大事業的人，不會讓周遭的世界變狹隘，他們會擴展自己的視野。他們之所以能夠口若懸河，侃侃而談，是因為他們對於正在進行的一切都有所涉獵。而只要你每天稍微多付出一點心力吸收資訊，對周遭的世界感到好奇，你會很驚奇這個世界有多寬廣。

還有，這個世界處處都有「蝴蝶效應」，世界角落任何一個事件發生，或多或少終究會影響我們的。「地球村」不是個概念，而是事實，我們要注意世界的脈動，就更能掌握自己的命運。

我自己身上也有許多這樣的例子。當我十來歲拍廣告、拍電視的時候，就會找機會去了解廣告片的後製、電視影片的剪接工作是怎麼進行的，我甚至主動要求當實習生，讓我有機會好好了解這個行業。而這個經驗也多少間接幫助了我完成另一個夢想——當電影導演。

人生有太多值得冒險與發掘的事物！我有次應邀出席一個交際舞活動，其實只是當來賓而已，我卻為此跑去學交際舞，而且不是一般慢板的華爾滋，是快節奏的捷舞，因為我想豐富自我！

而當我有機會上場表演的那一刻，我知道我的世界又更寬廣了。

六、多交朋友，成為專才

哈佛大學曾經就人際關係對一個人成就的影響，對貝爾實驗室（Bell Lab.）頂尖研究員做一項調查。調查中發現，往往被大家公認的傑出人才，他的專業能力不是重點，而是運用人際策略協助解決問題。

這些厲害的研究員，平時就會花時間與一些「可能日後有幫助的人」培養良好的關係，一旦遇到棘手的問題，就馬上請益，而能迅速得到解答。相對的，平常只會埋頭研究、不懂交際的研究員，碰到無法解決的問題，只會請教專家；但與你沒有交情的專家，可能日理萬機，很少願意主動提供協助的，所以只能求助無門的苦等下去了。

所以商界流行一句話：「**人脈，是個人通往財富、成功的門票！**」

台灣一些學生，在上大學之前，每天上學、上課只有一個目標：考上理想的大學。上了大學以後，就失去了人生的目標；屆臨畢業了，更不知將何去何從。

相較之下，我比較喜歡西方學校訓練學生的經驗，他們不把「唸書」當成第一要務，而是利用學校這個平台多多學習人際關係、發展興趣，找到未來的出路。申請任何學校，面試官都會將「參加社團」與否、多寡，當成重要的入學申請參考指標。好學校要吸收的學生，是主動積極、對未來有想法、有計畫，而不是只會死讀書、考高分的學生。

當老師超過十二年，每學期開課之初，我都會有幾條金科玉律傳授給學生：

第一、學好英文。

第二、找到一科喜歡的專業科目，好好努力考到A^+，並將之視為未來就業的秘密武器。

第三、參加社團，廣交朋友，參加跨校活動，磨練人際關係。

學好英文的理由，前面已經說過了。而我的課堂上，從不要求同學要考得多好，但一定要在就學期間有一個專業科目可以出類拔萃，為什麼呢？一來，你在學校讀書才會有追求、努力的目標；二來，將來畢業以後，這個專業科目將是謀職的重要關鍵。

「通才」的時代早就過去了，夢想自造的時代，「專才」才是難能可貴。要當一個專才並不難，找到自己的天賦，並且精進它，就能夠讓你比別人更專業。

至於該怎麼尋找自己的專業科目，其實就是看你自己和同學相比，哪一科讓你讀起來特別得心應手？哪一科可以讓你舉一反三、觸類旁通？別強求一定是你所主修、獲社會價值認定「有前途」的科目，許多時候，天分會在你想不到的地方成長茁壯。

我給學生的最後忠告，是努力去玩，去交朋友！可別以為「上課就好好上課吧，社交這種事，畢業以後再說吧！」在學這段時期所交的朋友，沒有利害關係，會是你這輩子最好的朋友。而努力參加各種跨校聯誼，一定有助於鍛鍊社交技巧。

至於畢業以後怎麼多交朋友呢？基本上，我是鼓勵跳槽的。只要實力夠，有更好的待遇、工作環境及發揮能力的空間，能跳槽，代表往上爬升的肯定，而且可以因為環境的變動，交到更多朋友。若跳槽純粹為了謀取高薪，卻沒考量新公司是否可以提供更好的學習成長空間，我覺得那就可惜了，因為薪酬一定與實力相關，只要培養好自己的實力，不怕薪水不會跟著往上提昇。

好萊塢有句流行話：**「一個人能否成功，不在於你知道什麼（what you know），而是在於你認識誰（whom you know）。」**這句話很有意思。在我走過這麼多年的職場生涯，一路上碰到不少貴人，追尋夢想時，人際網絡是很重要的布局，有了強大的人際網路，就能隨時提供援助與指引，讓你事半功倍。

我因為個性好強的關係，很少讓人進入我的內心，包括父母在內。我不擅長把心事吐露給別人知，除非是可以分享的喜事，我希望大家都能為我高興。但是這種性格，讓我與朋友之間有一道「君子之交淡如水」的隔閡，雖然表面上大家相處愉快，卻缺少「交心」的感覺。這種友情很不真實。

踏入社會後，一直從事與人有密切關係的工作，無論是導遊、空服員，或是記者、發言人、立委，都必須與人接觸、為人服務，讓我開始重新檢視人際關係修繕的重要。經過幾年的歷練，我發現到，有一種方式可以讓對方輕易感受到我的真誠，那就是「自我表白」；當一個不太熟的人，對你傾吐心事，你一定很容易接納他。若你也希望對方接納你，應該也很願意把心事與他分享。這個作法在男性之間尤其重要，因為男性都比較自負，不願輕易示弱，所以如果能夠推心置腹，就代表你們可以成為真正的好朋友了。

這種人際關係的建立法，我稱之為「裝熟」；對於想要合作，卻不太認識的人，可以藉由傾吐一些彼此有興趣，而又是自己遭遇的事，再看對方怎麼回應。有些人的回應冷若冰霜，可能只想把事做好，並不想與你交朋友。那也沒關係，只是大家合作起來可能不太盡興。另一種人，他也熱情回應你，也說說自己的一些事，感覺上，大家已經是朋友了，合作起來自然比較愉快，之後還可能成為彼此的貴人，相互幫助呢。

至於該怎麼跟陌生人「裝熟」呢？不妨聊聊一些人生深刻的經驗。讓我舉美國知名電視主播芭芭拉．華特絲（Barbara Walters）經常做人物專訪時提出的問題讓大家參考吧，她的提問常包括：「你一生中最有成就感的事？」「當你跌入谷底時，是什麼樣的經驗？」「未來五年後，你想成為什麼樣子？」「你畢業後的第一份工作」等。當她以誠懇的語氣，專注的神情提出這些問題時，受訪者往往察覺到她發自內心的真誠，而願意敞開心胸，以朋友相互關懷的感覺回覆她的提問。

不要以為「裝熟」是一種假面，事實上，這只是彼此認識的開始，能不能交朋友，還是要看彼此的緣份與誠意。

每個人都有一套累積人脈的方式，我有位好友是卡內基訓練的信徒，他說，卡內基人際溝通的課程中，有一項提升人脈競爭力的技巧課程，談得就是「自信與溝通能力」。而所謂的溝通能力，其實就是「了解別人」的能力，以「傾聽」的方式了解別人的需要、渴望、能力與動機，再給予適當的反應。而且最好適時給予讚美，會讓別人開心而願意與你保持友好的關係。

我的交友原則就是「態度真誠，不卑不亢，為人著想，說到做到」。無論對方的職業、地位，只要是朋友就是朋友，碰到大企業家，我也不會因此而感覺自己必須矮半截。另外，是朋友就該為別人著想，如果我們希望別人能多為我們想想，那我們有何理由不為朋友著想呢？而說到做到，讓朋友覺得可以信靠我，也才能贏得長長久久的情誼。

七、
獨立思考，勇敢下決定

開會的時候，大家感到最痛苦的，莫過於要表決的那一刻，因為老是沒人敢第一個跳出來做回應。

我們無法做出決定，是因為不確定那個決定好不好，或者不知道該決定什麼，又怕斷然做決定後得全權負責。可是，一旦沒人做決定，所有討論就枉然，整個會議流程還得重來一遍，又浪費更多時間了。

我認為許多人猶豫不決而不做任何回應，是缺乏自信。對我來說，「下決定」不是事情的終點，而是另一個開始。比如說，讓大家可以針對這個決定做回應，才會有更多的討論，再導向可能更正確的決定。

我從學生時代就養成獨立判斷的思考，平日就以一些小事鼓勵自己多下決定，同時也給自己一點壓力，讓自己有勇氣擔負起成敗的責任。遇到班上需要有人做主張的事時，我必一馬當先極力爭取，搶著說：「讓我來！」

例如全班要去郊遊，大家都不願出主意，就怕得負起所有的責任，我卻做得很歡喜。首先，我會提出好幾個郊遊地點、怎麼玩的方案，再讓大家來選。而除了主要的方案，還準備了腹案，連優先順序都事先想好了，絕不讓大家有疑慮的機會，也不會讓大家敗興而歸，因為各種可能會發生的情況，我都預先想好應付的對策。

後來從事新聞工作，常常要在瞬間做很多決定。例如採訪時，該問什麼？不該問什麼？對方回答之後，接下來該問什麼？等一下要補什麼畫面？隨著新聞事件難以預測的走向，得隨時動腦做出很多判斷與決定。

這個訓練讓我現在決定事情的時候都不會想太多，可以很快做出判斷，而且不是迫於時間壓力的草率回應，而是之前閱讀許多資訊、經過沙盤推演的對策。

如果你是一個總是想很多，而且遲遲無法做出決定的人，應該平常多練習快速下決定。例如今天上班穿什麼衣服？需不需要帶傘？中午吃什麼？先從日常生活中的「小事」開始練習，規定自己得在一秒鐘決定，然後不做任何修改，也不要後悔。

如果決定今天不帶傘，結果下雨了，那你知道應該儘早查看一下中央氣象局的天氣預報資訊，提供今天會不會下雨的標準。假若今天穿了不對的衣服，也許顏色不對或場合不對，就要記取教訓，可以利用閒暇時間事先搭配好衣服，上班前就不必站在衣櫥前發呆了。等到日後習慣快速做決定了，還要再努力發展新策略，找出更多可能有效的解決方案，讓你以後的決策更精準！

人生要選擇的事情太多了，如果老是卡在「決定」這件事上，真的會浪費太多的時間！尤其等到年紀越大，或做到高位，決定重大事情的機會就會愈多，愈需要切中核心下決定。所以，現在就開始練習快速下決定吧！

我下決定的時候，總是快而果決，無論是決定要退出歌唱圈，放棄空服員職務、新聞主播的位置而轉去唸書，是否擔任總統候選人發言人，甚至選立委……等一些生命中重要的決定，我的考慮時間都很短。很重要的關鍵是我事先預想了很多，也將最好、最壞的打算重複在腦海裡演練，待需要做決定的時刻到來，就能很快給答案，不會後悔也不會留戀。

練習下決定其實就是培養自己獨立思考的能力，自己決定自己的未來，而不是將決定權交到別人手裡。

請記住：當你為自己做出決定，失敗也該甘之如飴；若是成功，那樣的甜美更是旁人所無法體會的。

Chapter
5.

我的父親夢

「為人父母」是我尚未完成的夢想。我相信，在順利圓夢之前，我們仍有可能會遭遇許多挫折，但是我也相信，我依然會以自己走過的經驗，一一面對挑戰，並永遠心懷感謝，繼續勇敢前進。希望在不久的將來，我能與大家再分享另一個經驗談——「父母經」！

我一直要求自己，面對人生的失敗，要能找到對應的方法，甚至把失敗化為培育成功的土壤。而至今，「求子」卻仍讓我屢敗屢戰。

我與老婆大人的認識說來曲折，兩人「一中一台」——我在中視服務，她是台視記者，不過雖然是同業，我們卻只從媒體上知道對方，而未曾打過照面。

後來我到美國攻讀博士，回國開會時因緣際會與她通了個電話，後來博士論文需要收集問卷，我拜託的朋友也委請了她幫忙，算是又有了點互動。

趁著休假回到台灣，我請她與其他幫忙收集資料的同事吃飯，我感覺這女孩子做事認真，做人迷糊，很好相處，我們就這樣成為聊得來的朋友，三不五時透過電子郵件談談她在台灣的工作，與我在美國的學業。

一直到我學成歸國，兩個人才有更多的機會相處談心，也才進一步正式交往、成為男女朋友。

平凡媒體夫妻

老婆大人和我結婚的時候，就是一對很平凡的媒體夫妻，我們從事相同工作，因都曾是新聞記者、主播，所以彼此了解新聞工作的繁重與壓力。而且，我們兩個個性很互補——她為人爽朗，我相對細膩；我在外打拚事業，她則是我最大的避風港。

後來，我離開了新聞媒體，到國民黨當發言人，她則繼續留在新聞崗位上。其實，當初她不是那麼贊成我棄媒從政，不過只要她了解了那是我想做的，且在我做了決定之後，她都會轉為包容，並默默地給予支持。

比如說：我要選立法委員時，她不但做我的分身為我拜票，也把關所有的文宣，因為她對於文字非常敏銳、有創意，執行時又細心嚴格，所以總能做出讓人眼睛一亮、有新意與質感的文宣品。

跟我們一起打過選戰的年輕朋友直到現在都還會說：「多虧用和姊的訓練，讓我們知道什麼叫做『魔鬼藏在細節裡，要做到位。』才能在社會上更有競爭力。」

老婆大人就是那種一絲不苟、不肯妥協的媒體人，不夠好的東西她絕對不出手，可以一磨再磨；而且她不只是把關者，更不是只出一張嘴，她會跳進去跟大家一起執行，也教大家如何可以事半功倍。

和每對夫妻一樣，我們將對方視為生活中最好的夥伴，把對方的成功當成自己的成功。

屢敗屢試的懷孕路

二〇〇一年我們結婚，隔沒多久我就接受邀請，去做了國民黨的發言人。雖然我很想趕快生孩子，但是我們兩人都忙，所以想歸想，並沒有很積極地當件重要的事情來處理。後來我選上立委，我更忙，她的工作也不輕鬆，雖然有朋友提醒我們年紀不小了，該趕緊計畫生子大事了，但我們基本上也還是抱著順其自然的態度。

老婆大人一直認為「懷孕哪會有多難」？但當我們決定要好好來「生產報國」時，才發現她想要懷個孕還真不簡單！

為了想受孕，我們跑遍台灣找最好的中西醫診治，做過將近十次試管嬰兒、兩次人工受孕，都沒有成功。許多熱心的民眾朋友紛紛提供生子妙方，她又是針灸、又是遵照醫囑每天吃十多顆營養膠囊，還忍受痛苦去接受經絡調理、上健身房做重訓以強健身體……錢也花了，苦也挨了，但還是不成功。就連我們遠渡重洋，特別跑到美國求助於代理孕母，也終究沒能成功，實在是讓人不解又沮喪。

更令我難過的是，老婆大人在這些過程當中所受的苦——或者喝著苦苦的中藥，或者通經絡時痛得哇哇叫，還有做試管嬰兒時必須打一堆針劑……由於她不敢碰針，所以都是我幫她打針；但若是遇到我出國出差，她就必須自己走到辦公室或住家附近的診所，請護士小姐幫忙。每次想到她閉眼不敢看我幫她打針，甚至得獨自一人跑去拜託別人幫她扎針，我就感到好心疼於她的努力。

在這過程中，記者與一些談話性節目紛紛採訪她，談無法懷孕的心情故事，後來連CNN都採訪了她，我好訝異！這是隱私啊，為什麼要公諸大眾？又為什麼要揭開自己的傷口讓別人知曉呢？

但她並不是這麼想，她說：「我們的經驗可以提供別人借鏡，不是很好嗎？這樣別人就不會重蹈覆轍，甚至可以因此少走冤枉路，順利當上新手爸媽！」

這就是我的老婆大人，她事事都這麼認真，也都為別人著想。

為了養好身體，她長年不喝冰飲料、不吃涼底食物，如：白菜、白蘿蔔等等，不僅長年吃中藥保養身體，還從一個十多年沒做任何運動的女生，變成一個強迫自己每週健身三次、做核心肌群重量訓練的堅毅女子。

看到她這麼努力，我真的覺得她很偉大，我甚至沒有她那樣的意志力，為了想要孩子，她真的什麼都願意做。

二〇一四年，當我們嘗試再次做試管嬰兒又失敗時，我當著醫生的面說：「請不要再跟我們連絡了，我們放棄了。」

要我說出「放棄」這兩個字是很不容易的，但我再也不想看到老婆大人受這麼多苦、抱這麼大的希望，最後承受這麼大的失望。

我不敢要求老婆大人看開，我只能讓自己先看開，再用態度慢慢影響她。

「這是命，」我跟她說：「我們就接受這個事實，同時相信，上帝一定自有安排。」

領養一個孩子

老婆大人和我都很愛孩子，許多親朋好友的孩子，都成了我們的乾兒子、乾女兒。其中，「渝寶貝」是跟我們最親近的一個，她是老婆大人的外甥女，從小就常常睡在我家，跟我們玩在一起，看著她愈來愈大，我們好想為她添個弟弟或妹妹作伴。

我常會想：我在職涯這一路上學到了這麼多的資歷，累積了這麼多處事的經驗，如果有個孩子可以傾囊相授，該有多好。

老婆大人也會跟我說，她好期待自己可以孕育出奇妙的小生命，看到孩子一天比一天成長、進步，這種喜悅是用錢買不到的！

是啊，有孩子，一個家庭才有笑聲、才算完整。我們前十年就在這種殷殷期盼中度過，但就是永遠不知道，這個緣份何時才會出現。

後來我轉念一想：想要一個孩子，就一定要是我們所生的嗎？許多孩子一出生就沒有父母照顧，我們既然擁有還不錯的生活條件和能力，為什麼不去收養這些孩子呢？

就是這樣的轉念，我們走上了領養之路。我們相信，每一個孩子都值得有父母好好疼愛照顧，雖然領養來的孩子不是我們生的，但只要能被我們領養，就代表與我們有緣。

尚未參加收養課程前，我們早已知道這會是個艱困的過程，因為媒合機構也希望孩子能找到較好的養父母陪伴成長，所以一定會嚴格篩選適合的家庭。雖然已經心裡有數了，但是實際走過流程，才知道有多複雜冗長。

首先要先能報上名，因為出養機構礙於人力關係，每次只能接受一定人數的申請，而且不是隨時都能報名；等到好不容易報上名之後，還需要繳交申請表與健康檢查報告、夫妻財力證明、良民證、以及一份領養父母自我準備書，內容要交代自己的成長背景、過程，父母對自己的教育模式、夫妻兩人婚姻相處情況，以讓出養中心初步認識申請人。

書面審核通過後，接下來要連續上四週的團體課，包括社工人員會告知收養孩子的法律流程、可能會碰到的教養問題、應該如何與孩子相處……等等，這些課程用意良好，因為一般爸媽都需要學習如何做父母了，何況領養的孩子可能還會有適應新環境與面對身世的問題。

由於這是團體課程，所以有好幾對夫妻一起上課，我們本來就有些不自在，怕會被其他夫妻當成茶餘飯後的談資；偏偏團體課程還著重要打開心房、討論自己內心的感受，那就讓我們更尷尬了。不過上了幾堂課後，我們發現那些夫妻都很可愛，更看到了他們對孩子的熱切期待。同樣有著亟欲為人父母的心情，一樣努力修著「領養父母學」課程，我的心中常常在上課時湧起一種莫名的感動，也期盼大家都能一圓這單純而卑微的夢想。

漸漸地，我們越來越放得開，也透過每次的討論與思考，讓我們一再追問自己：「我們真的做好準備了嗎？」而即使答案是肯定的，這也都還只是諸多程序中的一步，接下來還要有社工老師來到家中進行家庭訪視，一方面看看家中環境是否適宜小朋友的到來，一方面也再多了解我們是否真的適合領養小孩？

而直到出養機構確定這對父母適合被賦予照顧孩子的重任後，還要再「媒合」養父母與孩子見面，並且讓彼此試著相處一段時間；期間社工還要再做訪視，之後才會進入正式收養程序，向法院聲請收養認可；等到法院裁定之後，孩子才能登記入戶，完成收養程序，而且之後社工還會不定期追蹤訪視。

這麼複雜的流程，一切都是為了孩子好——因為收養一個沒有血緣的孩子是一輩子的承諾與責任，出養機構必須再三確認，這個孩子跟著這對父母比在出養機構成長好，因為那關係到孩子的一生啊。

「為人父母」是我尚未完成的夢想。我相信，在順利圓夢之前，我們仍有可能會遭遇許多挫折，但是我也相信，我依然會以自己走過的經驗，一一面對挑戰，並永遠心懷感謝，繼續勇敢前進。希望在不久的將來，我能與大家再分享另一個經驗談——「父母經」！請大家為我祝福吧！

附錄

周守訓大事紀

1966 生於台北市，家中四個小孩排行第二。

1978 12歲 小學以第一名成績畢業，獲市長李登輝頒獎。

1984 18歲 大學聯考失利，面臨人生第一次挫敗，拒絕重考，選擇就讀世界新聞專科學校三專廣播電視科。

1985 19歲 被麥當勞選中，拍攝第一支廣告片，擔任男主角。

1986 20歲 除伸展台工作外，並組樂團征戰校內外多項音樂比賽屢獲佳績。

1987 21歲 放棄五燈獎衛冕，入伍服役，並考取陸光藝工隊擔任主持人及歌手。

1989 23歲 退伍，插班考入政治大學東方語文系，同時考上國家領隊執照，開始打工帶團。

1990 24歲 毅然休學，投入歌唱事業，發行第一張專輯並入圍金曲獎。

1991 25歲 金曲獎鎩羽而歸，決定轉換生涯跑道，考入西北航空擔任空服員。

1992 26歲 放棄人人欽羨的空少工作，毅然決定赴美深造攻讀碩士。

1993 27歲 僅花一年，即以優異成績畢業，並獲學校年度最佳傳播科系學生獎。

1994　28歲　考入中視新聞部，並獲選擔任主播，同年返回母校世新兼課任教。

1995　29歲　出版第一本著作《做自己的英雄》，立即站上金石堂暢銷排行榜。

1996　30歲　於主播台上和觀眾告別，毅然決定再次赴美深造。

1999　33歲　僅花三年時間，便取得美國康乃爾大學博士學位，返台擔任銘傳大學教授，並重拾新聞工作。

2000　34歲　在TVBS主播台上見證台灣第一次政黨輪替。

2001　35歲　與汪用和女士結婚，同年因有感台灣政治亂象，毅然決定接受邀約，擔任國民黨有史以來最年輕的發言人。

2003　37歲　出版第二及第三本著作《敢夢．敢做．敢當》、《語出驚人》。

2004　38歲　初試啼聲，以新人之姿當選台北市最年輕立法委員。

2005　39歲　當選國民黨中常委，同年出版第四本著作《成為説話贏家》。

2006　40歲　擔任立法院文化立法聯盟召集人，戮力推動文化創意產業入法。

2008 42歲 被徵召征戰艱困選區，跌破眼鏡連任立法委員成功，並令對手守諾跳海。

2009 43歲 獲亞太電影製片人聯盟全票通過，擔任亞太影展主席一職。

2010 44歲 投資拍攝電影《港都2012》，並擔任導演。

2012 46歲 立委選舉連任失利，以「拒絕再為充滿仇恨及荒繆的台灣政治背書」之理由，正式退出政壇，並立志向文創產業發展。

2013 47歲 《港都2012》上映，票房失利，轉換跑道加入威剛科技，擔任副董事長，投入台灣高科技創新領域。

2015 49歲 投資創新產業正式問市，為夢想實踐之旅開啟新樂章。

2016 50歲 出版第五本著作《放棄的勇氣》。

國家圖書館出版品預行編目 (CIP) 資料

放棄的勇氣 / 周守訓作 . -- 初版 . -- 臺北市 : 時報文化 , 2016.02
面 ;　公分 . -- (唯心 ; 11)
ISBN 978-957-13-6489-6(平裝)
1. 自我實現　2. 成功法
177.2　　104025945

ISBN 978-957-13-6489-6
Printed in Taiwan

唯心 0011

放棄的勇氣

作者 —— 周守訓
採訪撰稿 —— 楊齡婷
責任編輯 —— 陳慶祐
執行企劃 —— 林倩聿
內頁排版
封面設計 —— 小痕跡設計

董事長
總經理 —— 趙政岷
總編輯 —— 周湘琦
出版者 —— 時報文化出版企業股份有限公司
10803 台北市和平西路三段二四〇號二樓

發行專線　（〇二）二三〇六—六八四二
讀者服務專線　〇八〇〇—二三一—七〇五
（〇二）二三〇四—七一〇三
讀者服務傳真　（〇二）二三〇四—六八五八
郵撥　一九三四四七二四時報文化出版公司
信箱　台北郵政七九～九九信箱

時報悅讀網 —— http://www.readingtimes.com.tw
時報出版風格線 - https://www.facebook.com/bookstyle2014
電子郵件信箱 —— books@readingtimes.com.tw
法律顧問 —— 理律法律事務所　陳長文律師、李念祖律師
印刷 —— 盈昌印刷有限公司
初版一刷 —— 二〇一六年二月十九日
定價 —— 新台幣 二八〇 元

⊙行政院新聞局局版北市業字第八〇號